바다 동물,

어휘 속에 담긴 역사와 문화

이 저서는 2018년 대한민국 교육부와 한국연구재단의 지원을 받아 수행된
연구임(NRF-2018S1A6A3A02043693)

경성대학교 한국한자연구소 어휘문화총서 02

바다 동물,
어휘 속에 담긴 역사와 문화

기유미·신아사·이선희·홍유빈 지음

따비

일러두기

- 단어 및 관용 표현(사자성어, 숙어)의 뜻풀이는 표준국어대사전을 비롯해 사전류를 따랐으며, 따로 출처를 표시하지는 않았다.
- 출처를 밝히지 않은 한국 고전의 번역은 한국고전종합DB를 따른 것이며, 외국 자료는 각 장의 저자가 직접 번역한 것이다.
- 외래어 및 외국어의 한글 표기는 국립국어원 규정을 원칙으로 하되, 국내에서 널리 사용되는 표기는 관행을 따르기도 했다. 단, 중국 인명의 경우 신해혁명(1911년) 이전의 인물은 한자의 한국어 발음으로 표기했다.
- 글자의 의미는 같되 음이 다른 경우 [ ] 안에 해당 한자 및 외국어를 병기했다.
- 주 번호는 출처 표시이며, 장마다 새로 시작된다.

〈어휘문화총서〉를 펴내며

경성대학교 한국한자연구소는 2018년 한국연구재단 인문한국 플러스(HK+) 지원사업(과제명: 한자와 동아시아 문명 연구—한자로드의 소통, 동인, 도항)에 선정된 이래, 한자 문화권 한자어의 미묘한 차이와 그 복잡성을 고려한 국가 간 비교 연구를 수행해왔습니다. 이 총서는 그러한 연구의 한 결과를 대중에게 전달하고 널리 보급하려는 목적으로 기획되었습니다.

한자 문화권 내의 어휘는 그 속에 사용자의 사고와 정서, 그리고 더 넓은 문화적 요소를 반영함으로써 미묘한 의미 차이를 가집니다. 이러한 어휘의 사회문화적 맥락에 대한 이해는 단순히 그 어휘의 의미를 파악하는 것 이상의 중요성을 가지며, 이를 통해 어휘는 물론 문화에 대한 심층적 이해가 가능해집니다. 본 〈어휘문화총서)는 이러한 접근법을 취하며, 동아시아 한자 문화권에서 사용되는 한자어를 매개로 하여 각각의 문화적 특성을 조명하고 있습니다. 또 서양 어휘문화와의 비교 연구를 통해 동서양 어휘문화의 상호작용과 이에 대한 다양한 통찰을 제공하려 노력하였습니다. 이 시리즈는 2023년 '십이지 동물 편'과 '바다동물 편'을 시작으로, '동식물 어휘' '물명 어휘' 등 특정 주제별로 계속해서 출간될 계획입니다.

본 연구의 진행 과정에서, 원고를 집필해주신 교수님들과 진행을 총괄해주신 최승은 교수님, 그리고 편집 및 교정을 맡아주신 도서출판 따비의 신수진 편집자께 깊은 감사의 말씀을 드립니다. 이 연구는 연구소 소속 교수님들이 주제를 직접 선정하고 집단 연구를 통해 집필하는 방식으로 추진되었습니다. 이런 방식을 통해 국가 간 및 학제 간 학술적 소통과 협력이 촉진되고, 이를 통해 한자 연구의 기반이 더욱 탄탄해질 것으로 기대하고 있습니다. 이러한 과정은 학문적 이해의 폭을 넓히고, 더욱 다양한 시각에서 한자어의 복잡성과 문화적 특성을 탐색하는 데 기여할 것입니다. 이울러 우리의 연구가 동아시아 한자문화권의 언어와 문화를 더 깊게 이해하고 평가하는 데 도움이 될 것으로 기대합니다.

본 연구는 우리가 속한 한자 문화의 깊이와 폭을 탐색하는 것뿐만 아니라, 동아시아와 서양 사이의 어휘문화 비교를 통해 보다 포괄적인 문화 이해를 도모하려는 시도입니다. 본 연구의 성과가 독자 여러분들에게도 깊고 다양한 통찰력을 제공할 수 있기를 바라며, 앞으로도 끊임없는 연구와 노력을 계속하겠습니다.

2023년 10월
경성대학교 한국한자연구소
소장 하영삼

• 차례 •

'물명(物名)'이라는 말이 있다. '사물의 명칭' 혹은 '물건의 이름'이라는 뜻인데, 이 말보다는 '어휘(語彙)'라는 단어가 좀 더 친숙하기는 하다. 그런데 어휘라는 말은 어딘가 딱딱하고 무엇인가 공부해야 하는 듯한 기분이 든다. 그에 비해 물명은 '세상에 존재하는 각각의 사물에 붙인 이름'이라는 의미만큼이나 우리에게 와닿는 느낌을 준다. 우리가 익히 알고 있는 구약 성경의 창세기 역시 그 처음은 세상과 그 속의 현상과 사물들에 이름을 부여하는 것으로 시작한다.

하나님이 이르시되 빛이 있으라 하시니 빛이 있었고, 빛이 하나님이 보시기에 좋았더라. 하나님이 빛과 어둠을 나누사, 하나님이 빛을 낮이라 부르시고 어둠을 밤이라 부르시니라. 저녁이 되고 아침이 되니 이는

첫째 날이니라.[1]

다만 여기서 다소 의아하게 여겨지는 부분이 있다. 세상을 밝게 비추는 빛이 존재하기에 빛이라는 말이 나왔다는 것이 상식일진대, 성경에서는 거꾸로 빛이 있으라는 명명(命名)이 있고 나서 그후에 빛이 생겼다고 한 것이다. 그런데 현대의 일부 언어학자들의 주장에 따르면, 사람의 인식은 자신이 살아가는 언어의 영향을 받으며 그 언어에 어떠한 단어가 있는지에 따라 세상을 바라보는 눈이 오히려 달라진다고 한다. 이는 곧 '개념이 인식에 우선한다.'라는 명제로 바꿔볼 수 있을 텐데, 이러한 차원에서 본다면 "빛이 있으라 하시니 빛이 있었고……"라는 말이 이해가 되기도 한다. 이어서 창세기 1장의 나머지 부분에서는 하늘을 나는 '새'와 땅에 사는 '짐승' 그리고 바다에 사는 '물고기'를 창조했다고 나오는데, 이역시 그 각각의 대상에 이름을 부여하는 행위가 있었음을 짐작할수 있다.

한편, 세상에 존재하는 '사물'과 그것이 가지는 '이름'에 대한 관심은 동양에서도 있었는데, 그 예는 『논어(論語)』를 통해 확인할수 있다. 일찍이 중국의 춘추전국시대에 살았던 공자(孔子)는 자신의 제자들에게 현재 우리에게 『시경(詩經)』으로 전하는 '시(詩)'의효용과 그 가치에 관해 언급한 바 있다.

공자가 말했다. "제자들아! 너희는 어찌하여 시(詩)를 배우지 않느냐?

시를 통해 '흥(興)'할 수 있고 '관(觀)'할 수 있으며, '군(群)'할 수 있고 '원(怨)'할 수 있다. 가까이는 부모를 섬길 수 있고, 멀리는 임금을 섬길 수 있으며, '조수(鳥獸)'와 '초목(草木)'의 이름에 대한 지식도 많아진다.

  [子曰, "小子! 何莫學夫詩? 詩, 可以興, 可以觀, 可以群, 可以怨. 邇之事父, 遠之事君. 多識於鳥獸草木之名."]²

여기서 말하는 "조수(鳥獸)와 초목(草木)의 이름"이 바로 '물명(物名)'이다. 다만 여기서 공자가 말하는 조수와 초목의 '이름'은 두 가지로 파악해볼 수 있는데, 하나는 '이름 그 자체'이고, 다른 하나는 그 조수와 초목이 가지는 '상징'이다. "내가 그의 이름을 불러주기 전에는 / 그는 다만 / 하나의 몸짓에 지나지 않았다."라는 김춘수의 시구처럼, 우리에게 포착되기 이전의 대상은 그 자체로는 별다른 의미를 갖지 못한다. 우리는 나름의 관심과 애정을 가지고 대상을 바라보고 그것이 가진 특징을 포착한다. 그리고 그것에 이름을 부여함으로써 그 대상을 나 자신 속으로 끌어들이는 것이다. 이런 점에서 인간이 조수와 초목에 부여하는 이름과 그와 관련된 문화적 상징은 대상을 내면화하고 싶어하는 인간의 욕구에 기인한 것이 아닐까 한다.

방금 언급한 조수(鳥獸)와 초목(草木) 외에 우리의 주변에는 물고기와 조개를 포함하는 어패류(魚貝類)가 있다. 지구의 절반 이상을 차지하는 바다만큼이나 그 속에 사는 생물들도 그 종류와 수량이 다양하고 많은데, 그에 따라 그 이름 역시 말 그대로 부지

기수(不知其數)라는 생각이 든다. 그리고 그 이름뿐만 아니라 그 생물 자체의 특성으로 만들어진 숙어나 전설들도 다양하며, 이러한 이야기들 역시 사람들이 사람들이 내재화한 결과물인 것이다. 그리고 우리는 그 자료들을 통해 거꾸로 그 말을 만들었던 사람들의 생각과 삶 속에 들어가 그들의 문화를 살펴볼 수 있는 것이다.

예컨대, 우리말로 조개를 뜻하는 한자인 蛤은 조개의 껍데기가 한 치의 오차도 없이 정확히 '합(合)'하는 특성이 있기에 지어진 이름이다. 이에 관해 정약전의 『자산어보』에서도 "무릇 '껍데기가 합하는 것'을 일컬어 蛤이라고 하는데, 대부분 진흙 속에 잠복해 있으며 난생(卵生)이다[凡甲而合者曰蛤, 皆伏在泥中而卵生]."라고, 그 내용을 잘 설명하고 있다. 이에 더해, 문화적 상징의 경우, 줏대가 없는 사람을 가리킬 때 해파리에 비유하고는 한다. 이는 해파리의 특징인 '뼈 없이 흐물흐물하게 보이는 것'에 기인한다. 이런 점에서 '사물과 이름 그리고 문화'는 하나의 세트(set)처럼 인간과 자연을 연결하는 무형의 끈과 같다는 생각이 들기도 한다.

이 책에서는 '상어, 대구, 장어, 연어, 문어, 오징어, 해파리, 게, 조개, 새우'를 대상으로 하여, 이 생물들의 '이름'과 관련된 '관용적 표현' 그리고 과거의 전설·민담이나 오늘날의 문화 이야기를 수록했다. 아울러 네 명의 필자가 '한국(이선희)'과 '중국(기유미)' 그리고 '일본(홍유빈)'과 '서양권(신아사)'을 각각 맡아, 해당 생물에 대한 각 문화권 사람들이 가진 인식과 특징을 살펴보았다. 이 책을 통해 여기서 다룬 생물들이 가진 독특한 특징과 더불어, 이와 관련된 이름과 이야기를 만들어낸 사람들의 생각을 들여다보는 계기가 되기를 소망한다.

필자들을 대표하여

홍유빈 삼가 씀

제 1 장

바닷속 최상위 포식자 · 상어

상어는 큰 몸집, 톱니같이 날카롭고 강한 이빨, 발달된 지느러미로 해양생태계 먹이사슬에서 최상위 포식자다. 우리에게 무섭고 위험한 동물로 인식되는 동물이지만, 최근 "아기 상어 뚜루루 뚜루 귀여운 뚜루루 뚜루"라는 가사로 시작하는 동요 〈아기상어〉가 어린이뿐 아니라 성인들 사이에게도 큰 인기를 끌면서 '귀여운' 상어의 이미지를 보여주기도 했다. 그러나 사실 이 노래에는 상어 가족 외에도 상어 가족에게 쫓기는 작은 물고기들이 등장하며, 가사에서도 상어를 '바다의 사냥꾼'이라고 묘사했다. 이처럼 상어는 일반적으로 위험하고 사악한 이미지를 가진 강력한 포식자로 연상된다. 그러한 이유로 쉽게 다가갈 수 없는 바다생물이지만, 문자와 언어 문화 속의 상어는 우리가 잘 알지 못하는 많은 이야기를 품고 있다.

바다의 사냥꾼이자 무섭고 위험한 동물, 상어! 한국과 중국, 일본, 그리고 서양의 문화에서는 상어가 어떻게 나타나고 있을까?

모래 같은 껍질로 인해 붙여진 이름, 사어

우리나라 옛 문헌에서 상어는 보통 鯊魚(사어)라고 쓰였는데, 이는 상어를 뜻하는 현대 중국어 사위(鯊魚)와 동일한 한자다. 그 밖에도 한 글자로 鯊(사), 魦(사)도 상어를 의미하며 沙魚(사어)나 鮫魚(교어)라는 명칭도 나타난다. 잘 알려진 바와 같이 현대 표준어는 '상어'이며, 지역에 따라 사어, 상아, 사, 상사, 상에, 상예, 사에, 상이 등으로도 부른다.

상어 관련 기록으로 우리나라에서 가장 오래된 것은 고려시대에 등장한다. 충남 태안군 마도 해역에서, 13세기에 침몰한 고려시대 선박에 실려 있던 대바구니에 담긴 상어 뼈와 함께 '沙魚(사어)'라고 적힌 목간(木簡)이 발견된 것이다.[1]

목간에는 "상어 한 상자 올린다[沙魚盛箱子一]"라는 문장이 적혀 있는데, 이를 통해 상자 하나에 상어고기를 담아 운송했음을 알 수 있다. 이처럼 고려시대 목간과 당시 중국의 기록을 통해 고려시대에 상어를 '사어(沙魚)'로 표기했음을 알 수 있는데, 이런 표기는 조선 전기에도 이어진다.

중종 22년(1527) 최세진(崔世珍, 1468~1542)이 지은 사전 『훈몽자회(訓蒙字會)』 상권 「인개편(鱗介篇)」에서는 鯊라는 한 글자의 한자로 표기하고 한글 음으로 '상엇사'라고 풀이했다. '沙魚(사어)'라는 두 글자의 표기를 한 글자로 합쳐 '鯊(사)'로 표기한 것이다.[2]

19세기에 정약전(丁若銓, 1758~1816)이 흑산도 어류에 관해 저

그림 1-1 태안 마도 3호선 죽간의 '沙魚盛箱子一'

술한 『자산어보(兹山魚譜)』에서는, 상어에 관해 다음과 같이 풀이하며 18종의 상어를 기록했다.

상어는 바다에서 사는데, 그 껍질이 모래와 같다고 해서 그 이름을 사어라고 지었다. …… 이시진(李時珍)은 말하기를, 예전에 鮫라 했고 지금은 沙라 하는데, 이는 같은 것으로 여러 종이 있다. 껍질에는 대개 모래가 있다.

[鯊海中所産 以其皮如沙得名 …… 李時珍云 古曰鮫 今曰沙 是一類 而有數種也 皮皆有沙.][3]

상어는 껍질에 모래알 같은 돌기인 사주(沙珠)가 붙어 있어 '사어(沙魚)'라고 불리게 되었고, 상어를 뜻하는 '문절망둑 사(鯊)'는 상어 생김새의 특징을 묘사하는 '沙(모래 사)'와 생물계통적 특성인 물고기를 뜻하는 漁(어)가 합쳐진 글자라는 것을 알 수 있다.

상어 껍질은 고급 가죽

간혹 해외 매체에서 상어의 공격을 받은 사람이 목숨을 잃거나 크게 다친 사례가 보도되곤 한다. 그러나 크고 작은 다양한 상어류가 인근 해안에 서식함에도 우리나라 옛 문헌에서는 상어에 의해 인간이 피해를 입은 기록은 찾을 수 없으며, 상어고기를 의례를 위해 그리고 먹기 위해 이용했다는 기록이 전해진다.

특히 유명한 것이 경상도 지역에서 제사에 사용하는 상어고기 '돔배기'다. 이는 상어고기를 소금에 절이거나 말려 장기간 숙성한 식품으로, '돔박돔박' 네모나게 도막으로 썰었다고 해서 붙은 이름이라고 전해진다. 돔배기는 전라도를 상징하는 삭힌 홍어처럼 암모니아 냄새가 나는 것으로 유명한데, 이는 홍어와 마찬가지로 상어가 삼투압을 조절하는 요소(尿素)를 체내에 가지고 있기 때문이다. 상어가 죽으면 이 요소가 암모니아로 변해 특유의 냄새가 나는 것이다.

옛날에는 상어고기뿐 아니라 교피(鮫皮)라 하여 상어 껍질(가죽) 말린 것을 칼자루에 감기도 하고, 물건을 닦는 데도 사용했다.[4] 교피와 관련해 조선왕조실록 문종실록에 명나라 사신과 조선 관리 김하(金何)의 다음과 같은 대화 기록이 전해진다.

"이곳의 사어피(鯊魚皮)가 매우 좋으므로 사어피로 싼 안자(鞍子) 1부(部)를 만들고자 합니다." 하므로, 김하가 이를 아뢰니 명하여 만들어주도록 하였다.

["此處魚皮甚好, 欲造魚皮裏鞍子一部." 何啓之, 命造給.]

그림 1-2 조선시대의 교어피 안경집과 대모 안경

여기에서 '사어피'는 상어의 가죽을, '안자'는 말 안장을 가리킨다. 즉, 오돌오돌한 상어 가죽으로 만든 안장은 고급 제품이며, 상어 가죽은 양질의 어피로 평가되어 명으로 수출되는 물품이었음을 알 수 있다.

요컨대, 상어는 예로부터 우리나라 문화에서 중요한 위치를 차지하며 고기, 어피(魚皮), 어유(魚油)는 지역민의 식품으로, 지역 토공물이자 교역품으로 이용되어왔다.

바닷속 늑대, 상어

현대 중국어에서 상어는 '사위[鯊魚]'라고 쓰지만, 고대에는 자오[鮫], 자오사[鮫鯊], 사위[沙魚]로 표기했다.[5] 이 중 자오[鮫]는

'바다 생물 가운데 우세자'를 뜻하는 글자인데, 특별히 상어를 가리키는 단어로 쓰였다. 자오사[鮫鯊]는 청나라 학자 이원(李元)이 쓴『연범(蠕范)』「물생편(物生篇)」에서 "코가 길고, 가죽은 칼처럼 쓰일 수 있는 형태[鼻長, 皮可飾劍]"라고 설명되었다. 또 사위[沙魚]는 그 글자에서도 알 수 있듯이 모래[沙]의 거친 특성과 연관되는 단어로, 남송(南宋)의 문자학자 대동(戴侗)은『육서고(六書故)』에서 "바다에서 나고, 가죽이 모래와 같아 붙여진 이름[海中所產, 以其皮如沙得名]"이라 설명했다.

그 외에도 명나라의 본초학자 이시진(李時珍)은『본초강목(本草綱目)』「인사·교어(鱗四·鮫魚)」에서 "(상어는) 두 종류가 있는데, 남방 사람들은 통칭하여 '사위[沙魚]'라 부른다. 그 두 종류 중 크고 주둥이가 톱과 같은 것은 '후사[胡沙]', 그리고 작고 가죽이 거친 것은 '바이사[白沙]'다 [(鮫)有二種, 皆不類鱉, 南人通謂之沙魚. 大而長喙如鋸者曰胡沙, 小而皮粗者曰白沙]."라고 설명했다.『본초강목』에서는 또한 자오피[鮫魚皮: 상어 가죽]에 관해 "거친 비늘이 있어 나무를 문지르면 닳는다."고 언급했는데, 이에 대해 국립생물자원관에서 발간한『옛이야기 속 고마운 생물들』에서는 상어의 가죽을 사포처럼 사용했을 것으로 추정했다.[6] 결국 상어의 명칭에 사용된 '사[鯊]'는 날카롭거나 거친 가죽의 외형에 그 의미가 집중되어 있음을 알 수 있다.

세계에는 400~500여 종의 상어가 서식하는데, 중국의 바다에는 그중 3분의 1 정도가 존재한다고 한다. 그 수많은 상어 중 재미

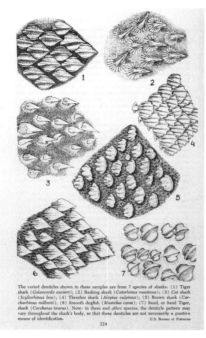

The varied denticles shown in these samples are from 7 species of sharks: (1) Tiger shark (*Galeocerdo cuvieri*); (2) Basking shark (*Cetorhinus maximus*); (3) Cat shark (*Scyliorhinus boa*); (4) Thresher shark (*Alopias culpinus*); (5) Brown shark (*Carcharhinus milberti*); (6) Smooth dogfish (*Mustelus canis*); (7) Sand, or Sand Tiger, shark (*Carcharias taurus*). Note: in these and other species, the denticle pattern may vary throughout the shark's body, so that these denticles are not necessarily a positive means of identification.

224   U.S. Bureau of Fisheries

그림 1-3 상어의 종류에 따른 다양한 돌기 모양

있는 이름을 가진 상어가 많이 있다. 예를 들면, 후사[虎鯊: 괭이상어], 뉴사[牛鯊: 황소상어], 징사[鯨鯊: 고래상어] 등인데, 모두 외형에 따른 명칭이다. 중국에서 상어는 별칭으로 '하이중랑[海中狼: 바닷속 늑대]'이라 불리기도 한다.

중국어의 관용어구 가운데에는 속담과 성어 외에도 헐후어(歇後語)라는 표현이 있다. 헐후어는 중국어의 특수한 언어 형식으로, 중국 사람들이 일상생활에서 자주 사용한다.

헐후어는 보통 앞뒤 두 부분의 구절로 나뉘어 있으며, 앞 구절은 수수께끼 문제처럼 비유를 하는 표현이 나타나고, 뒤 구절은 수수께끼에 대한 답처럼 그 비유가 가리키는 본래의 뜻을 풀어서 설명한다.[7]

상어에 관한 표현이 있는 헐후어 중에 '다사위부츠샤오샤[大鯊魚不吃小蝦]'가 있다. 이를 직역하면 '(큰) 상어는 (작은) 새우를 먹지 않는다.'가 된다. 그런데 이것은 비유적인 표현이고, 본래는 '얕보다'라는 의미다. 또 '샤위거우디아오샤미[鯊魚鈎釣蝦米]'라는 표현은, 직역하면 '상어 (낚싯)바늘로 작은 새우를 낚다.'이지만 본래의 의미는 '하찮은 일을 요란스레 처리하다.'이다.

예로부터 상어 가죽은 사포나 강판처럼 쓰였지만, 현대 과학자들은 더 깊숙이 들어갔다. 물속을 재빠르게 유영하는 상어에 관심을 가졌던 이들은 상어 비늘의 돌기를 본뜬 V 자 모양의 미세한 홈이 공기나 유체의 저항을 감소시키는 것을 발견했고, 이에 주목한 스포츠과학과 수영복 산업은 이를 적용한 수영복을 개발했다. 상어 비늘을 본뜬 재질로 몸을 가능한 많이 덮은 보디수트 형태의 수영복을 입은 이언 소프(Ian Thorpe)가 2000년 시드니 올림픽에서 금메달을 따면서 스포츠용 수영복의 트렌드가 완전히 바뀌었는데, 상어 비늘을 본뜬 Fast Skin이라는 이 수영복을, 중국에서는 사위피융이[鯊魚皮泳衣: 상어 가죽 수영복]라고 부른다.

한편, 사포와 같은 상어 가죽의 특징에 착안해, 중국의 한 친환경 차량 수리·복구 기업은 회사 이름을 '사위피[鯊魚皮: 상어 가죽]'라고 짓기도 했다.

고급 식재료, 상어지느러미

일반적으로 상어는 무섭고 사악한 이미지로 나타나지만, 언어 표현에서는 크고 장중(莊重)하여 가치 있게 여겨지는 것을 가리킨다. 실제로 상어는 중국의 음식 문화에서 귀한 식재료다. 그중 가장 유명한 것이 상어지느러미다.

중국어로 위츠[魚翅]라 부르는 상어지느러미는 약용(藥用)과 식용(食用)으로 귀한 대접을 받는다. 중국 광둥[廣東]에서는 '우츠부청시[無翅不成席: 샥스핀 없이는 연회를 할 수 없다]'라고 할 만큼 귀하고 고급스러운 음식 재료다. 중국의 경제 발전으로 상어지느러미의 소비가 크게 늘어 자국산 상어지느러미로는 공급을 충당할 수 없어 동남아시아산까지 수입하고 있으며,[8] 상어지느러미 공급을 위해 많은 상어가 남획(濫獲)되어 희생되고 있어 안타깝다.

최근에는 상어지느러미가 들어간 '웨빙[月餅: 월병]'까지 등장해서 눈길을 끈다. 중국 사람들은 최대 명절 중 하나인 중추제[仲秋節: 중추절]에 웨빙을 먹는다. 중국 웨빙에 들어가는 속 재료는 다양한데, 근래 들어 상어지느러미, 제비집, 인삼, 동충하초 등을 넣은 웨빙까지 등장했다.[9] 과거에는 웨빙을 선물하는 상자에 뇌물을 넣어 전달하는 경우가 있었는데, 지금은 현금을 넣는 대신 값비싼 웨빙이 등장하게 된 것이다.

수족관의 인기 어종, 상어

일본에서는 상어를 후카(ふか), 사메(さめ), 와니(わに)라고 부른다. 이 단어들은 각각 한자로는 鱶[ふか], 鮫[さめ], 鰐[わに]로 쓴다. 이 중에서 와니(わに)는 현재 악어(鰐魚, crocodile)를 뜻하지만, 고대에는 상어를 가리키는 말이었다고 한다.

일본의 어패류 도감에서는 상어를 다음과 같이 정의한다.

鮫[さめ]: '후카(ふか)'라고도 한다. 판새(板鰓, ばんさい)종*의 상어류에 속하는 연골어류를 말한다. 5~7개의 아가미구멍 중 적어도 일부는 몸체의 측방에 있는 것, 가슴지느러미가 변형되지 않고 몸체의 측면 사이에 명료한 경계가 있는 것, 잘 발달한 등지느러미를 가진 것 등의 특징이 있어 가오리류와 구별된다. 한 손으로 잡을 수 있는 정도로 작은 것부터 전체 길이 18미터에 이르는 고래상어까지, 크기와 형태는 다양하다. 얕은 바다에 살거나 심해에 살거나 연안(沿岸)의 표층에 사는 등 살아가는 장소도 다양하다. 어류 및 물에 떠다니는 갑각류, 오징어 따위를 먹는 경우가 많다. 일본에서는 가마보코(かまぼこ) 어묵이나 한펜(はんぺん) 어묵의 재료로 쓰이며, 중국에서는 지느러미를 건조시킨 것이 요리에 폭넓게 사용된다.[10]

전 세계적으로 알려져 있다시피, 상어는 바닷속에 서식하는 어족 가운데 공격성이 강한 어류로 손꼽힌다. 그럼에도 중국이나 한국에서와 마찬가지로 일본에서도 상어는 다양한 방법으로 조리되어왔는데, 상어회[わにの刺身]나 상어데침[わにの湯引き] 등이 그것이다. 현재에도 상어는 초밥의 재료로 쓰이거나 상어지느러미라멘(ラーメン) 등 다양한 방법으로 조리되고 있다. 아울러 상어는 거대한 아쿠아리움에서 만날 수 있는데, 일본 동북부 이바라키[茨城]에 위치한 오아라이[大洗] 수족관은 무려 59종류나 되는 상

---

* 방패와 같은 단단한 비늘을 가지는 어류. 상어 및 가오리 등이 이에 해당한다.

그림 1-4 상어 가죽으로 만든 고추냉이 강판

어들을 보유하고 있기에 명실상부 '상어 전문 수족관'이라 불린다.[11] 이에 더해 일본에서는 생고추냉이를 강판에 갈아서 '와사비(わさび)'를 만들어 먹는데, 그 강판으로 상어의 가죽을 이용한다. 상어 가죽의 표면이 거칠어서 고추냉이가 잘 갈리는데, 이렇게 해서 회나 스시에 얹어 간장을 찍어 먹으면 보다 신선한 맛을 느낄 수 있을 듯하다.

토끼에게 속아 넘어간 일본 설화 속 상어

일본 열도의 근해에는 상어의 출몰이 잦은 편인데, 비교적 최근인 2015년에도 동쪽인 도쿄부터 서남단인 규슈에 걸쳐 수십 마리의 상어들이 발견된 바 있다. 물론 사람을 공격하지 않는 상어의 종이 더 많다고는 하지만, 공격의 가능성도 존재하기에 사람들에게 상어는 항상 위협적인 존재로 인식된다. 상어의 출몰은 일찍이 고대 일본부터 있었던 것으로 보이며, 상어와 관련된 설화들이 이를 뒷받침한다.

상어와 관련된 일본 설화가 몇 가지 있다. 그중 하나는 『고지키

[古事記]』에 나오는 이나바의 흰토끼 설화다. 이야기는 옛날에 오키(淤岐) 섬에 살았던 흰토끼 한 마리가 이나바쿠니[因幡国: 현재 돗토리현 동부를 가리키는 옛 지명]에 가려고 했는데, 바다를 건널 수 없어서 상어에게 "너희 동료와 우리 동료 중 어느 쪽이 많은지 비교해보자."라고 속여서 상어들을 모아 일렬로 바다 위에 줄을 세운 후 그 등을 타고 바다를 건넜다는 내용으로 시작된다. 토끼가 자신들을 속였다는 사실을 실토하자 마지막에 있던 상어가 토끼를 붙잡아서 가죽을 벗겨버렸다. 마침 아카미히메[八上比売]에게 청혼하러 가기 위해 그곳을 지나던 오쿠니누시노카미[大国主神]의 조언으로 원래의 모습을 찾은 토끼는, 이에 대한 보답으로 오쿠니누시가 아카미히메와 혼인하게 될 것을 예언한다.[12] 이 설화에서 상어는 약간은 어리석지만 토끼를 붙잡아서 가죽을 벗기는 등 폭력적인 이미지도 동시에 갖고 있는 캐릭터로 그려진다.

한편 『이즈모쿠니후도키[出雲国風土記]』에도 상어가 등장하는 이야기가 나온다. 이나바쿠니의 흰토끼 설화의 공간인 오키 섬 옆에 있는 시마네현[島根県]에서 전하는 이야기다. 시마네현은 과거에 이즈모쿠니[出雲国]라는 나라였는데, 그곳에 가타리노오미 이마로[語臣猪麻呂]라는 사람이 살았다. 그런데 그의 딸이 해변에서 놀고 있을 때, 상어가 나타나 그녀를 먹어버렸다. 이마로는 딸을 잃은 슬픔에 괴로워하다가 신에게 소원을 빌었고, 그러자 100여 마리의 상어가 나타나 한 마리의 상어를 에워쌌다. 이에 이마로는 그 상어를 창으로 찔렀고 그 배에서 딸의 정강이가 나왔다.[13]

제1장 | 상어

앞의 이야기가 '토끼와 거북이' 식의 우화라면, 이 이야기는 그보다 좀 더 리얼한 면이 있다. 이마로의 딸이 상어에게 잡아먹혔다는 것을 통해 당시에 사람이 상어들에게 공격을 받았던 사례가 있었음을 짐작해볼 수 있는 것이다. 그러나 이야기의 후반부에 창으로 상어를 찔러 제압하는 모습이 있다는 점에서, 상어들의 위협을 극복해나갔던 당시 사람들의 강인성 또한 느낄 수 있다.

포식자: 인간과 상어

상어는 연골어강[Chondrichthyes] 악상어목[Lamniformes]에 속하는 동물의 총칭이다. 오늘날 존재하는 상어는 400~500종 정도 되며, 전 세계적으로 분포하고 있다. 연골이 유연하여 내구성이 있으며 밀도가 정상적인 뼈의 절반 정도이기 때문에 골격 무게를 줄여 에너지를 절약한다. 또한 부레가 없으며, 바닷물보다 밀도가 낮은 다량의 기름을 포함한 간[liver]이 부력을 대신 제공하는 것으로 알려져 있다.[14] 몸길이가 17센티미터에 불과한 난쟁이랜턴상어[dwarf lanternshark]부터 18미터에 이르는 고래상어[whale shark]까지 그 종류가 다양하다.

상어의 상징인 턱[jaw]은 두개골에 붙어 있지 않으며, 이빨은 물고기를 잡는 데 유리하도록 삼지창과 비슷한 모양이 많다. 사람을 자주 공격한 것으로 보고되는 백상아리[great white shark]의 이빨은 크고 날카롭지만, 작은 물고기나 먹이를 먹는 상어 종류의 이빨은 작고 기능이 그다지 없다. 감각기관에 해당하는 작은 구멍이 있어서 후각이 매우 발달해 있으며, 특히 심해에 서식하는 상어는 후각이 더욱 발달했다.

상어는 영어로 shark다. 『케임브리지사전(Cambridge Dictionary)』에서는 상어를 "날카로운 이빨과 등에 뾰족한 지느러미가 있는 큰 물고기[a large fish that has sharp teeth and a pointed fin on its back]"로, 『메리엄-웹스터사전(Merriam-Webster Dictionary)』에서는 "때때로 인간에게 위험한 전형적인 활동적 포식자[typically active predators sometimes dangerous to humans]"라고 설명하고 있다.

이런 인식은 상어의 어원에 반영되어 있다. 『옥스퍼드영어사전(Oxford English Dictionary)』에서는 상어의 어원이 모호하다고 언급한 반면, 포악한 특성을 매개로 사람과 어류의 연관성에서 상어의 어원을 찾은 연구 결과도 있다. 다만 사람의 특성에서 어류 이름이 파생되었느냐, 어류 이름에서 사람의 특성이 파생되었느냐에 차이가 있다.

상어의 어원은 유카테크 마야어(Yucatec Maya)의 *xook*(*xooc* 혹은 *xoc*)*, 네덜란드어의 *schurk*, 독일어의 *Schurke* 등에서 찾을 수 있다. *xook*(*xooc* 혹은 *xoc*)는 상어를 의미하며, *schurk*와 *Schurke*는 모두 남성명사로서 '악당' '무뢰한'을 의미한다. 이에서 출발해 shark가

---

* *xooc, xoc, xok*가 모두 나타난다고 한다.[15]

'포식자'라는 의미로 사용되었으며, 후에 최상위 포식자로서 어류 '상어'라는 의미를 나타내게 되었다는 것이다. 그러나 『메리엄-웹스터사전』에 따르면, shark가 어류를 가리키는 단어로 쓰인 용례는 15세기에 등장하고, 그 단어가 사람의 부정적인 특성을 비유하는 용어로 쓰인 용례는 16세기에 처음 등장한다.

shark가 사람의 특성과 관련되어 쓰일 때는 '특정 분야에서 매우 뛰어난 사람'이라는 긍정적인 의미도 갖지만, '고리대금, 갈취, 간교한 수단으로 자주 남을 이용하는 탐욕스럽고 교활한 사람'이라는 부정적인 의미가 강하다. "내 변호사는 상어 같다[My lawyer is like a shark]."라고 할 때 shark는 포식동물 같고 포악하며 공격적인 의미가 있다.[16] 고리대금업자라는 의미의 loan shark, 카드게임에서 남을 속여 돈을 따는 사람인 card shark 같은 단어에서 부정적인 의미가 보편적으로 사용되고 있음을 알 수 있다.

한편, '메가마우스(megamouth)'라는 별명이 붙은 상어가 있다. 하와이 주정부 공식 사이트에 따르면, 1976년 11월 15일 미 해군이 하와이의 카우쿠 포인트(Kahuku Point)에서 25마일 떨어진 심해에서 작전 수행 중에 길이 14.5피트(약 442센티미터)에 무게 1,500파운드(약 680킬로그램), 입의 너비가 3피트(약 91센티미터)나 되는 상어를 발견하고 해군 연구실로 이송한 후 기록을 남겼다고 한다.[17] 큰 입 때문에 그리스어로 '넓은 바다의 거대한 하품을 하는 이'라는 의미인 *Megachasma pelagios*라는 학명이 붙여졌으며, 새로운 과[family]에 속하게 되었다고 한다. 호놀룰루의 비숍 박물

Huge Shark May Be New Species

그림 1-5 하와이에서 발견된 '메가마우스 상어'에 관한 기사

관[Bishop Museum] 어류 컬렉션에 그 표본이 보존되어 있다.

신화, 소설, 영화 속 상어

서양의 여러 신화에 상어가 명시적으로 등장한 적은 없다. 그러나 그리스 신화와 구약 성경에 등장하는 라미아(Lamia)가 상어일 가능성이 있다. 그리스 신화에서 라미아는 여러 형상으로 변신하는 여자 괴물로 묘사된다. 제우스의 애인이었는데, 제우스의 아내

헤라의 저주로 자신의 자식들을 잡아먹고 광기에 사로잡혀 추악하고 거대한 괴물이 되었다는 이야기다.* 라틴어역 불가타 성서 중 이사야서에서 라미아는 하나님의 심판이 예루살렘에 닥칠 때 예루살렘을 약탈할 동물, 짐승, 괴물들 중의 하나로 지목되는데, 고대 동물학 연구에서는 성경에 나오는 라미아가 상어의 일종일 가능성이 있다고 보고 있다.[19] 아리스토텔레스가 lamia라는 상어가 있다고 언급한 바 있고,[20] 로망어의 하나인 갈라시아어에서 lamia가 흑상어[dusky shark, *Carcharinus obscures*]를 의미하는 것이 한 근거가 된다.

신화에서 상어가 자연재해를 비유하는 괴물이라면, 현대 문학에서는 상어가 실존적 장애로 등장한다. 대표적인 것이 미국 현대 문학의 개척자이자 노벨 문학상(Nobel Prize in Literature)과 퓰리처상(Pulitzer Prize)을 수상한 헤밍웨이(Ernest Miller Hemingway)의 대표작 「노인과 바다[The Old Man and the Sea]」에 등장하는 상어다. 84일간 고기를 한 마리도 낚지 못한 늙은 어부가 85일째 홀로 먼 바다에 나가 고군분투 끝에 자신의 배보다 큰 청새치를 잡았으나 돌아오는 길에 상어 떼를 만나 청새치를 빼앗긴 채 돌아와 지쳐 쓰러진다는 줄거리다. 한 노인의 실존적 투쟁과 불굴의 의지, 개인주의와 허무주의를 넘어 인간과 자연의 연대를 담은 이 작품에서

---

* 라미아(Lamia)에 관해서는 아버지가 바다의 신 포세이돈이라는 설 혹은 리비아 여왕이라는 설 등이 있다.[18]

상어는 죽음을 상징한다고 볼 수 있다.

스티븐 스필버그(Steven Spielberg) 감독이 피터 벤츨리(Peter Benchley)의 원작으로 만든 영화 〈조스(Jaws)〉(1975)에서 백상아리는 미지의 공포로 나타난다. 평화롭던 작은 휴양 도시에 거대한 식인 백상아리가 나타나면서 이야기가 전개된다. 물론 백상아리가 뱀상어[tiger shark]와 더불어 가장 난폭한 종의 상어이기는 하지만, 대부분의 상어는 다양한 동물을 먹이로 삼는다. 즉 상어가 인간을 즐겨 잡아먹는다는 내용은 〈조스〉가 만들어낸 허상이다. 실제로 상어가 종종 인간을 공격하는 것은 인간을 다른 물체로 착각한 결과라고 한다.[21]

한편, 해양학자들이 일컫는 '죽은 물[dead-water] 현상' 또한 상어라는 명칭과 관련이 있다. 고대에 빨판상어가 배의 용골에 달라붙는 일이 종종 발생했는데, 당시 사람들은 이를 신비한 힘에 의해 배가 마술에 걸린 것이라 믿었다. 또한 스칸디나비아 피오르 해협에서도 얼음에 갇힌 바다에서 배가 꿈쩍도 하지 않는 일들이 발생하곤 했다. 노르웨이의 북극 탐험가 프리드쇼프 난센(Fridtjof Nansen, 1861~1930)이 이러한 어려움을 겪으면서 "죽은 물"이라고 기술한 것이다. 그러나 이는 민물과 담함수(소금기가 있는 물)가 고밀도의 소금물과 섞이지 않고 층을 이루어 배의 가속 추진력을 방해했기 때문이라는 과학자들의 실험 결과가 도출되었다. 그러므로 사실상 이러한 현상은 마술과는 상관이 없고, 빨판상어[live sharksucker] 또한 상어, 가오리, 바다거북 등에 부착해 살아가는

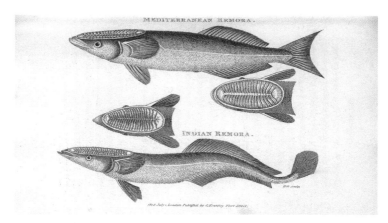

그림 1-6 1809년 출간된 조지 쇼(George Shaw)의 책에 묘사된 빨판상어

어종으로 상어류와는 다른 어종이다.[22]

　인간은 늘 상어의 날카로운 이빨에 위협을 느끼면서도 상어를 오랫동안 포획하고 이용해왔다. 상어지느러미는 고급 식재료로 사용했으며, 상어의 간유(油肝)는 화장품 재료와 공업용 윤활유로 사용한다. 게다가 상어는 다른 어류에 비해 성장과 생식은 느림에도 어업용 그물에 걸려 죽는 일도 잦으며, 식용을 위해 남획되고 있다. 진화론자들은 상어가 수차례의 대멸종을 거치면서도 지구에서 가장 오래 살아남은 동물이라고 생각하지만, 현재 상어는 그 어느 때보다 큰 위험에 직면해 있다.

제2장

입이 큰 물고기 · 대구

한국인이라면 누구에게나 익숙한 가요 〈독도는 우리 땅〉에는 "오징어 꼴뚜기 대구 명태 거북이"라는 가사가 나온다. 독도 주변 해역에서 쉽게 볼 수 있는 몇 가지 해양생물을 열거하는 내용이다. 2012년, 이 노래 가사는 "오징어 꼴뚜기 대구 홍합 따개비"로 바뀌었다. 이는 기후변화 등으로 인한 어류의 개체 수 감소 같은 변화를 반영해 현실에 더 적합하게 바꾼 결과라고 한다. 여기에서 알 수 있듯이, 예전이나 지금이나 동해, 독도 주변에 서식하며 한국인의 밥상을 책임지는 물고기 중 하나가 바로 대구다.

입이 커서 붙여진 이름 '대구'

대구(大口)라는 이름은 한자 그대로 '입이 큰 물고기'라는 뜻이다. 옛 문헌에서는 大口(대구) 외에도 大口魚(대구어), 夻魚(화어), 夻魚(화어)라는 명칭을 발견할 수 있다.

허준(許浚, 1539~1615)의 『동의보감(東醫寶鑑)』「탕액편(湯液篇)」에는 대구를 '화어(夻魚)'라고 부르며 다음과 같이 대구의 효능과 명칭이 언급되어 있다.

화어(酓魚)는 성질이 평이하고 맛은 짜고 독이 없다. 먹으면 기운을 북
돋우는데, 창자와 비계는 더욱 맛있다. 우리나라의 동해와 북해에서 나
는데, 속명은 大口魚(대구어)라고 한다.

[酓魚: 性平 味鹹 無毒 食之補氣 腸與脂 味尤佳 生東北海 俗名大口魚(俗方).]

또한, 조선시대 실학자 서유구(徐有榘, 1764~1845)가 쓴 『난호어
목지(蘭湖漁牧志)』 「어명고(魚名考)」에는 대구의 한자명을 '뭇魚(화
어)'로 제시하면서 다음과 같이 설명했다.

동해와 남해에 산다. 몸은 쟁반처럼 둥글고 납작하다. 비늘이 없고 색
깔은 누런빛을 띤 검은색이다. …… 입이 매우 큰데 입을 벌리면 둘레가
몸 둘레와 같다. 그래서 속명이 대구어(大口魚)이다.

[뭇魚出東南海, 身圓扁如盤, 無鱗色黃黑. … 其口絶大張鰐, 則圍與身等, 故俗
名大口魚.][1]

이런 자료를 통해 조선시대에는 대구를 한자로는 뭇魚(화어), 酓
魚(화어) 두 가지로 표기했으며, 민간에서 사용했던 대구어, 대구
라는 명칭이 현재까지 사용되어 표준어가 되었음을 알 수 있다.

한국 고유의 한자, 夻

　중국에서는 대구를 쉐위[鱈魚] 또는 다토우위[大頭魚: 대두어], 일본에서는 다라[鱈]라고 부른다. 동일한 한자 문화권인 한국, 중국, 일본에서 한국만 대구를 가리키는 한자가 다르다. 즉, 중국과 일본은 '대구 설(鱈)' 자를 쓰지만, 한국은 독자적인 한자를 사용했다는 것이다. 왜 한국에서만 다른 한자를 사용했을까?

　앞서 살펴본 바와 같이, 대구를 뜻하는 이름은 화어(夻魚, 몼魚)로, 夻, 몼 두 한자를 이용해 표기했다. 이 두 한자 모두 大와 口를 합친 형태다. 여기에서 눈여겨볼 한자는 夻다. 이와 관련해 서유구는 『난호어목지』에서 『동의보감』과 청나라 학자 이조원(李調元)의 저서를 비교하며 다음처럼 말했다.

> 　『동의보감』에는 화어(夻魚)라고 되어 있는데 『자서(字書)』에는 없는 글자다. 이조원(李調元)의 『연서지(然犀志)』에는 "『자서』에 몼 자가 있다."고 하며, "물고기 중에 입이 큰 것이다. 조선 사람들은 夻라고 쓴다. 문자는 다르지만 뜻은 같은 것이다."라고 주석을 내었다.
>
> 　[『東醫寶鑑』作夻, 夻魚 『字書』之所無也. 李調元 『然犀志』云, 『字書』有몼字, 注云, 魚之大口者, 朝鮮人作夻, 文異而義同.][2]

　이처럼, 중국에는 몼 자가 있었지만 夻 자는 없었다. 즉, 大口魚가 기존의 한자를 조합하여 물고기의 이름으로 삼았다면, 夻는

그림 2-1 대구 말리는 모습(거제 외포)

이를 한 글자로 조합해 새롭게 만들어낸 한국 고유의 한자인 것
이다.

조선에 요구한 생선, 대구

중국어로 대구는 쉐위[鱈魚]다. 『현대한어사전(現代漢語詞典)』(제
7판)에서는 그 외에 민위[鳘魚] 라는 명칭도 동시에 표기하고 있으
며,[3] 또 다른 통칭으로 다토우위[大頭魚]라고 부르기도 한다.

대구는 중국 바다에서 잡히는 물고기가 아니므로 중국 문헌에
는 별다른 기록이 없다. 다만 조선왕조실록 성종 9년 12월 21일
기사에 의하면 중국의 황제가 조선에 요구한 물목(物目)에 대구[大

口魚]가 있었다.[4] 또 허균(許筠, 1569~1618)의 『성소부부고(惺所覆瓿
藁)』에도 중국인들이 가장 좋아했던 생선 중 하나로 대구어가 언
급되어 있으며, 중국에서 온 사신을 영접할 때마다 선물 목록에
나열되기도 했다.

다만, 쉐위[鱈魚]와 명칭이 유사한 물고기에 관한 기록이 중국
에 있는데, 지금은 멸종한 고생물이다. 중국 후베이성[湖北省] 우한
시[武漢市]에 있는 장강문명관(長江文明館)*은 장강(양쯔강) 유역의
지형 및 생태환경을 소개하고, 희귀 동식물종 등을 전시하는 곳
이다. 이곳의 전시물 가운데 '地質古生物(지질고생물)' 소개 중 이
첩기(二疊紀)**에 살았던 구쉐위[古鱈魚]라는 물고기의 화석이 전
시되어 있다. 구쉐위[古鱈魚]라는 이름 때문에 고대에 살았던 대
구로 착각할 수도 있지만, 구쉐위는 현재의 대구와는 다른 물고기
류다.

대구는 중국 본토에서 볼 수 있는 물고기가 아니지만, 현재는
중국인들이 수입과 양식을 통해 자주 접하게 되었다. 대구는 단순
히 식용으로서뿐만 아니라 중의학에서 활혈(活血)***과 부기를 가
라앉히는 등의 효능[6]을 가진 물고기로 가치를 인정받고 있다.

---

* 장강문명관의 공식 사이트는 http://www.changjiangcp.com이며, 구쉐위[古鱈魚]에
관한 설명은 http://www.changjiangcp.com/view/7375.html 에서 찾아볼 수 있다.
** 지구 고생대의 마지막 시대. 약 2억 9,000만 년 전부터 2억 4,500만 년 전까지의
시기다.
*** 혈액 순환을 촉진하는 방법이다.[5]

첫눈이 내린 이후에 가장 맛있는 대구

일본에서는 대구를 '다라(たら)'라고 부르고 한자로는 鱈(대구설)로 표현한다. 鱈은 음독(音讀)으로는 세쓰(せつ), 훈독(訓讀)으로는 다라(たら)로 읽는다. 한편 鱈이 들어간 일본 단어로는 야타라[矢鱈, やたら]가 있는데 속어에 해당하며, 의미는 '함부로' '무턱대고' '되는대로' 등이다. 예컨대 '야타라니 샤베루[矢鱈にしゃべる]'라는 문장은 '멋대로 지껄이다.'로 해석된다. 또 다른 단어로 데타라메[出鱈目, でたらめ]가 있는데, '엉터리' 혹은 '되는대로 하는 행동이나 말'을 의미한다. 예를 들어 '데타라메나 오토코[出鱈目な男]'라고 하면 '엉터리인 혹은 제멋대로인 남자'로 풀이된다.

대구는 사시사철 잡히는 생선이지만 겨울이 되면 살이 통통하게 오르고 알도 꽉 들어차서 맛이 좋다고 한다. 鱈 자에 겨울을 의미하는 '雪(눈 설)'을 넣은 이유는 대구가 겨울 첫눈이 내린 이후에 많이 잡혔기 때문이라고 한다.[7]

일본의 입장에서 본 대구의 사전적 정의는 다음과 같다.

鱈[たら]: 대구과의 어류. 별명은 마다라(まだら). 지방에서는 혼다라(ほんだら), 아카하다(あかはだ)라고도 부른다. 전체 길이는 95센티미터. 몸체의 색은 연한 회색으로서 등과 몸체의 측면에 불규칙한 형태의 반점들이 있다. 동해(*일본의 주장으로는 일본해)부터 북태평양에 분포한다. …… 식성이 극히 좋으며, 낮에는 바다 밑에 숨어 있다가 밤에 활동하며

갑각류, 바다 밑에 서식하는 어류를 잡아먹는다. 체내의 고기량이 많아서 반찬용으로 선호되는데, 포로 뜬 대구, 말린 대구, 소금에 절인 대구 등이 있다. 산출액이 많아 수산업에서 중요하다.[8]

체내에 고기량이 많아 반찬용으로 선호된다는 내용에서 짐작할 수 있듯이, 일본에는 다양한 종류의 대구 요리가 있다. 예컨대 대구 암컷의 알집인 '곤이'와 수컷의 정소(精巢)인 '이리'가 요리로 사용되며, 이 중에서 이리를 사용한 시라코폰즈[白子ポン酢]가 유명하다. 시라코[白子]는 대구 수컷의 정소를 의미하는 일본제 한자어다. 그리고 폰즈[ポン酢]는 과즙을 섞은 간장이므로, 시라코폰즈는 바로 대구 이리를 과즙을 섞은 간장에 찍어 먹는 요리인 것이다. 대구로 만든 요리로 이외에도 '시라코 튀김' '대구 알 튀김' '대구 알 주먹밥' 등이 있으며, 이를 통해 일본인들이 대구의 각종 부위를 식재료로 다양하게 활용하고 있음을 알 수 있다.

두루 알려지다시피 우리가 현재 '대구 지리탕'이라고 부르는 음식 이름의 '지리'는 일본어 ちり에서 온 것이다. ちり는 생선, 두부, 채소 등을 끓인 후 건져서 간장에 찍어 먹는 냄비 요리를 뜻하는데, 다라치리(たらちり)는 바로 대구를 끓여 먹는 냄비 요리가 되겠다. 이렇게 볼 때, 우리가 부산 등지에서 즐겨 먹는 '대구 지리탕'은 일본에서 유래한 음식으로 보이지만 용어는 '대구 맑은탕'으로 순화해서 사용하는 것이 옳다고 여겨진다.

어류의 보편적 명칭 cod

대구는 영어로 cod다. 조기어강[*Actinopterygii*] 대구목[*Gadiformes*] 대구과[*Gadidae*]에 속하며, 대서양대구[Atlantic cod, *Gadus morhua*]와 태평양대구[Pacific cod, *Gadus macrocephalus*]가 대표적이다. 대구는 한류 어종으로 턱수염과 3개의 등지느러미가 있다.

cod의 어원은 불확실하나, 『옥스퍼드영어사전』에서는 cod의 어원을 1304~05년의 기록에 근거해 cod와 접미사 -ling이 결합한 codling으로 추정했고,* 『브리티시사전(British Dictionary)』에서는 고대 고지 독일어 *cutte*와의 연관성을 언급하기도 했다. cod는 codfish, Cape Cod turkey라고도 불린다.

서양에서 cod라는 단어는 특정 어종이 아니라 광범위한 어류의 명칭 일부로 사용된다. 다시 말하면, 대구목 혹은 대구과에는 속하지만 대구속[*Gadus*]에는 속하지 않는 어류임에도 cod로 불리는 것이 많다. 지명 혹은 종족명 등과 결합한 남극대구[Antarctic cod], 북극대구[Arctic cod], 대서양대구[Atlantic cod], 태평양대구[Pacific

---

* "새끼 대구와 말린 대구포 구매에 16펜스(가 사용되었다)." 이 인용의 출처는 벨보어 성에 보관된 가터 훈작사(勳爵士) 아일랜드 공작의 원고로, 영국 역사문서위원회에 소장된 것이다. 이 원고는 1905년에 간행되었으며 전체 시리즈 중 제4권(식별번호 2606)이다. ["In codling et stokfys emptis, xvijd." Historical Manuscripts Commission. The manuscripts of His Grace the Duke of Ireland, K. G. preserved at Belvoir Castle. Vol. IV, 1905(Cd. 2606).]

그림 2-2 메리 보텔(Mary E. C. Boutell)의 대구 일러스트레이션

cod], 그린란드대구[Greenland cod], 유클라대구[Eucla cod], 메리 강대구[Mary River cod], 머리대구[Murray cod], 마오리대구[Maori cod] 등이 그 예다. 또한 기타 요소와 결합한 은대구[black cod], 파란대구[blue cod], 범노래미[ling cod], 원양대구[pelagic cod], 극지대구[polar cod], 푸어코드(poor cod), 감자바리[potato cod], 락코드(rock cod), 빨간대구[saffron cod], 슬리피코드(sleepy cod), 올챙이대구[tadpole cod], 송어대구[trout cod] 등이 있다.

바이킹시대부터 '매사추세츠의 신성한 대구'까지

바이킹시대(8~11세기)는 유럽 역사의 중요한 분수령으로, 권위의 중앙집중화, 기독교 이데올로기의 채택, 시장 무역의 성장, 생산성의 강화, 도시화를 특징으로 한다. 이 시대 바이킹이 콜럼버스보다 500여 년 일찍 아메리카에 도착할 수 있었던 이유도 바로 말린 대구포를 장거리 항해의 식량으로 사용했기 때문이라고 한다.

대구는 바이킹시대 이후에도 국제 시장에서 줄곧 중요한 경제 상품으로 자리매김했다. 노르웨이인들이 말린 대구포를 가지고 여행함으로써 남부 유럽에서 말린 대구포 시장이 발전하게 되었고, 흑사병, 전쟁, 기타 위기를 거치면서도 1,000년 이상 지속되어 현재도 노르웨이 수산물 거래의 중요한 한 부분을 차지하고 있다.[9] 태평양과 대서양에서 떼로 몰려다니는 대구가 신대륙 개척 속도를 높이기도 했고, 국가 간의 경쟁, 갈등, 전쟁 등 유럽 각지의 흥망성쇠를 좌우했던 것이다.

기독교는 육류를 성욕을 자극하는 '뜨거운' 고기로, 생선을 '차가운' 고기로 규정한다. 사순절, 수요일, 금요일 등 최대 일 년의 절반 정도를 단식일로 정해 육류의 섭취를 금했는데, 이때 사람들은 주로 생선을 섭취했다. 따라서 단식일은 '피시 데이(fish day)'로 불리게 되었다. 이런 음식 문화는 종교적 배경뿐만 아니라, 어류가 사계절 내내 얻을 수 있는 식재료라는 것에서도 기인한다. 어업 능력은 해군력과 비례했으므로 어업 장려 차원에서 생선 섭취를 독려하기도 했다.[10]

유럽뿐만 아니라 북아메리카 동부 해안에도 대구 자원이 발달한 지역이 있다. 뉴잉글랜드(New England) 지역의 경우, 많은 도시가 대구 어장 근처에 있었다. 특히 매사추세츠는 대구의 어획과 수출로 번영을 누렸는데, 1798년에 완공된 매사추세츠주 의사당에 걸려 있는 5피트(약 150센티미터) 크기의 '성스러운 대구[Sacred

그림 2-3 성스러운 대구

Cod of Massachusetts]'목각상이 이를 방증한다.[11]

패터슨상(Paterson Poetry Prize) 최종 후보이자 퓰리처상 후보에
올랐던 셰릴 사바고(Cheryl Savageau)의 시 「코드(Cod)」(2006)를 감
상해보자. 어민에게 생계와 경제적 안정을 제공하는 대구의 소중
함과 가치, 그리고 대구를 통한 꿈과 욕망을 불러일으킨다.

대구의
꿈
바다의
금
그들의 배와

주머니를

든든하게 해줄

[dreams

of cod

the gold

of the sea

that will

fill their bellies

and their

pockets][12]

제 3 장

바다와 민물을 오가는 · 장어

이름만 들어도 팔딱팔딱 힘차게 움직이는 모습이 떠오르는 장어. 장어는 몸이 허한 느낌이 들거나 기력이 약해진 것 같을 때 가장 먼저 생각나는 보양 식재료이며 대표적인 정력보강제로 손꼽힌다.

　장어에는 뱀장어목에 속하는 곰칫과, 뱀장어과, 붕장어과, 갯장어과, 바다뱀과의 모든 어류가 포함되지만, 우리가 장어 하면 떠올리는 것은 뱀장어다. 대중가요 〈민물장어의 꿈〉의 화자는 자신을 장어에 빗대어 "저 강들이 모여드는 곳 성난 파도 아래 깊이 한 번만이라도 이를 수 있다면……"이라고 노래했는데, 이는 바로 뱀장어의 습성이다. 바다에서 태어나 민물에서 살다가 바다로 돌아가 산란하는 회류성(回遊性) 어류의 특징인 것이다. 그러나 뱀장어를 제외한 다른 종류의 장어는 바다에서만 서식한다. 뱀장어가 민물과 바다를 오가는 긴 여행을 하며 살아가는 모습은 마치 고향을 떠나 타지에서 살아가는 현대인의 삶과 닮은 듯하다. 우리 삶과 비슷한 일생을 살아가는 뱀장어는 옛 문헌 속에서, 그리고 언어에서 어떻게 나타나는지 살펴보자.

뱀처럼 긴 물고기, 장어

장어의 한자 표기는 긴 물고기라는 뜻으로 '길 장(長)' 자를 사용한 長魚(장어)다. 앞서 언급한 바와 같이, 우리에게 익숙한 장어는 한국, 중국, 일본에 주로 서식하는 민물고기 뱀장어이지만, 그 밖에도 붕장어, 갯장어 등 그 종류가 다양하며 모두 뱀처럼 몸이 길고 가늘다는 특징이 있다.

서유구는 『임원경제지(林園經濟志)』 「전어지(佃漁志)」에서 뱀장어를 한자로 鰻鱺魚(만리어)라 하면서 한글로 '비암장어'라고 표기했다.[1] 정약전은 『자산어보』에 뱀장어를 '海鰻鱺(해만려)'라고 표기하며 속어는 '長魚(장어)'라고 기록했다.* 한편 붕장어는 '海大鱺(해대려)', 갯장어는 '犬牙鱺(견아려)'라고 표기하며 다음과 같이 설명했다.

> 海鰻鱺(해만려): 큰 놈은 길이가 십여 자이고 모양은 뱀과 같으나 크기는 짧으며 빛깔은 검으스름하다[大者長丈餘狀類蟒蛇大而短色].
>
> 海大鱺(해대려): 눈은 크고 배 속이 먹색으로 맛이 더욱 좋다[目大腹中墨色味尤佳].
>
> 犬牙鱺(견아려): 입은 돼지같이 길고, 이는 개와 같아서 고르지 못

---

* 뱀장어를 뜻하는 한자 鱺는 려(여), 리(이) 두 가지 음이 있는데, 서유구의 「전어지」에서는 이를 '리'로, 정약전의 『자산어보』에서는 '려'로 표기했다.

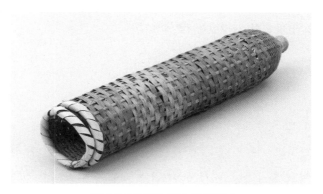

그림 3-1 장어를 잡는 통발, 뱀장어밈통

하다[口長如豕 疎齒如犬].²

　장어는 속담에도 등장한다. 예컨대, '메기 등에 뱀장어 넘어가
듯'은 '구렁이 담 넘어가듯'과 유사한 의미로, 일을 분명하고 깔끔
하게 처리하지 않고 슬그머니 얼버무려버리는 것을 비유적으로 이
른다. 또한 '뱀장어 눈이 작아도 저 먹을 것은 다 본다.'는 비록 식
견이 좁은 사람이라도 자신이 살길은 다 마련하고 있음을 비유적
으로 이른다. 이는 북한어에서 비록 몸집이나 크기는 작아도 똑똑
하게 제 구실을 다함을 비유하는 표현으로 쓰인다. 이처럼 장어의
외형적 특징을 반영하여 긍정적 또는 부정적인 이미지 모두가 속
담에 나타난다.

약효와 맛으로 인정받은 장어

우리나라 옛 문헌에는 장어의 효능과 맛에 관한 다양한 기록이 있다.

먼저, 그 약효와 맛에 관한 기록을 살펴보면, 「전어지」는 "육질이 단단하고 기름기가 많아 불에 구우면 냄새가 좋으니, 꼭 해충을 죽이고 중풍을 그치게 하는 약효 때문에 귀하게 여기는 것만은 아니다[肉緊而多脂膏, 燔炙香美, 不專以其殺蟲. 已風之功而貴之也]."라고 했고, 『자산어보』에서는 "맛은 달고 진하며 사람을 보익해준다. 오래된 설사가 있는 사람은 이 고기로 죽을 끓여 먹으면 이내 낫는다[味甘醲 益人 久泄者 和鰻鱺 作糜粥服之則止]."라고 했다.[3] 또한 『문견별록(聞見別錄)』*은 "구이는 물고기나 새로 하는데 뱀장어를 제일로 친다[炙則或魚或鳥 而以蛇長魚爲第一味]."며 장어의 맛을 으뜸으로 기록했다.

반면, 『조선통어사정(朝鮮通漁事情)』**에는 "조선 사람들이 잘 잡지 않고, 뱀처럼 생겨서 먹기를 꺼려 일본에게만 판매하였다."라고 기록돼 있다. 일본인에게 인기가 좋았음은 『난호어목지』「어명고」에도 기록되어 있는데, "살은 기름이 적고 맛이 좋아, 일본 사람들

---

* 조선 중기 문신 남용익(南龍翼, 1628~1692)이 효종 6년에 조선통신사 종사관으로 일본에 다녀온 후 남긴 기록으로, 해당 인용문은 일본인에 관한 설명으로 추측된다.
** 세키자와 아키기요[關澤明淸] 일행이 1892년 1월 도쿄를 출발하여 조선 연안을 시찰하고 1893년 3월 도쿄로 돌아온 후, 시찰한 조선의 수산·어업 상황 등을 엮은 책.[4]

이 매우 귀하게 여긴다[其肉脂少味美 日本人甚珍之].”⁵라고 했다.

이처럼 뱀장어는 약효를 인정받아 원기 회복 등의 목적으로 사용되었으며, 한국뿐 아니라 일본에서도 사랑받는 물고기였다.

특징에 따라 다양한 장어의 이름

장어는 중국에서도 약으로 또는 보양식으로 여겨지는 고급 어종이다. 중국 현지 식당에서는 일반적으로 장어를 '만위[鰻魚]'라고 부르는데, 『현대한어사전』(제7판)에는 '만리[鰻鱺]'라는 단어만 수록하고 있다. 또한 약칭은 '만[鰻]'이며 '바이산[白鱔]'이라 부르기도 한다고 명시했다.

우리가 흔히 보는 장어의 종류를 중국어로 살펴보면 그 서식지를 알 수 있다. 먼저, 뱀장어는 '허만[河鰻]'이다. 장어류 중에서 뱀장어만 바다에서 태어나 강으로 올라가는 습성을 가져 회류성 어류라 하는데, 중국어의 뱀장어 명칭에서 강을 의미하는 '허[河]'를 사용한 것은 일리가 있다. 반면 주로 연안에서 서식하는 갯장어는 '하이만[海鰻]'이라고 한다.

습성이나 외형적 특징이 드러나는 명칭도 있다. 먹장어는 바다 밑바닥에서 적응하며 살다보니 눈이 멀었다고 하여 '눈멀 맹(盲)' 자를 써서 '망만[盲鰻]'이다. 특이한 명칭을 가진 장어가 또 하나 있는데, '꽃 화(花)'자를 쓰는 '화만리[花鰻鱺]'로, 한국에서는 '무태장어'라고 한다. 중국어에서 花 자는 다양함 또는 무늬를 표현하는 단어에 종종 사용되는데, 무태장어는 몸에 검은 점과 무늬가 있는 것이 특징이므로 특성을 잘 살린 이름이라 할 수 있다.

고문헌에는 장어에 관해 다음과 같이 기록되어 있다.

- 又有黃鱓, 鰻鱺, 皆以魚名, 其形質實一蚖: 황산[黃鱓], 만리[鰻鱺], 모두 물고기 명칭이며, 외형은 뱀과 같다.

  (고기원(顧起元), 『객좌췌어(客座贅語)』*「어품(魚品)」)

- 白鱔, 蛇魚. 乾者名風鰻: 바이산[白鱔: 뱀장어], 서위[蛇魚: 뱀과 같은 모양의 물고기]라고 지칭하고, 말린 장어는 펑만[風鰻]이라 불렀다.

  (이시진, 『본초강목』 「인부·만려어(鱗部·鰻鱺魚)」)

일본 사람들이 장어를 일상적으로 많이 먹는 것은 이미 알려져 있다. 워낙 소비량이 많기 때문에 일본 자국산으로는 모두 충당하지 못해, 일본에서 판매하는 양념구이 장어의 60퍼센트가 중국산이라고 한다. 그런데 중국인 1,000만 명이 매달 한 차례 이상 장어 음식을 즐겨 먹을 만큼 소비가 증가했다는 사실은 잘 알려지지 않았다. 본래 장어 양식은 일본이 1950년대에 처음 시작했으나, 중국이 1970년대에 일본에서 치어(稚魚)를 들여와 양식에 성공하면서, 현재는 일본을 넘어서는 장어 소비량을 자랑하게 된 것이다.[6]

---

* 명나라 관리이자 금석학자인 고기원이 쓴 사료(史料) 기록.

링만[靈鰻]과 링만징[靈鰻井]의 전설

링만징[靈鰻井]은 항저우 봉황산 범천사(梵天寺)에 있었던 우물로 지금은 존재하지 않는다. 전설에 의하면, 중국 오월국(吳越國) 무숙왕(武肅王) 전류(錢鏐)가 아육왕사(阿育王寺)의 불사리(佛舍利)를 봉헌하고자 남탑사(南塔寺)를 짓는데, 절의 남쪽에 우물을 팔 때 수호신 '링만[靈鰻]'이 나타났기 때문에 이 우물을 '링만징[靈鰻井]'이라 했다. 승려 찬녕(贊寧)이 이와 같은 사연을 「만정기(鰻井記)」로 쓰고, 그 내용을 탑에도 새겼다고 전한다.[7]

수호신 링만[靈鰻]과 그 이름을 딴 우물 이름 링만징[靈鰻井]에 쓰인 '만[鰻]'이라는 글자는 '장어'를 뜻하는 것 외에도 고대에는 특별한 상징적 의미를 지녔던 것으로 보인다. 고대에는 특정 동물을 신과 같이 여기거나 그 동물이 신과 인간을 이어주는 역할을 한다고 믿었으며, 지역에 따라 다양한 동물이 대상이 되었다. 중국 송나라 때, 저장성[浙江省] 일대에서는 여름과 가을 사이에 가뭄이 심해 비가 오기를 기원했는데, 이때 때마침 장어도 자주 강에 나타났다. 그로 인해 장어를 기우(祈雨)의 대상으로 여겼다는 설이 있다. 또 다른 설은 불교 설화 가운데 장어가 물과 연관성이 많은 대상으로 자주 등장했다는 것이다.[8] 이 같은 연관관계로 인해 우물의 명칭에도 장어를 뜻하는 만(鰻) 자를 사용한 것으로 보인다. 이러한 내용을 뒷받침하듯, 중국 남송 시기에 시인 위경(衛涇)의 송사(宋詞) 작품에도 '금만정(金鰻井)'이라는 표현이 나타난다.

금만정(金鰻井)

만징의 오래된 역사, 맑고 고요한 수면은 거울과도 같아

그 신묘한 힘의 변화를 보려면 가뭄 뒤에 비를 보아야 한다.

[鰻井由來歲月深, 泓澄一鏡絕塵侵, 要觀變化神功妙, 會見翻翻爲旱歲霖.]

교토의 가게가 장어의 잠자리처럼 좁은 까닭

일본에서는 장어를 '우나기(うなぎ)'라고 부르고 한자로는 鰻(뱀장어 만)으로 쓴다. 한국에 서식하는 장어만큼이나 일본에 서식하는 장어의 종류도 다양한데, 민물장어인 뱀장어는 우나기(うなぎ), 바다에 사는 장어인 붕장어는 아나고(あなご), 그리고 갯장어는 하모(はも)라고 한다.

장어가 등장하는 일본 속담으로 '야마노 이모가 우나기니 나루[山の芋が鰻になる]'가 있다. 이를 직역하면 '참마가 뱀장어가 된다.'인데, 있을 수 없는 일이 현실로 됨을 비유한 말이다. 이에 더해 '우나기노 네도코[鰻の寝床]'라는 말이 있다. 이 말을 직역하면 '장어의 잠자리'가 되는데, 좁고 길쭉한 방이나 집을 비유한다. 에도시대[江戸時代: 1603~1868]까지 교토나 오사카에서 장사하는 가게에 부과하는 세금의 기준은 현관의 넓이였다. 이런 까닭에 건물을 지을 때 세금을 덜 내기 위해서 현관의 크기는 줄이면서 내부를 길게 냈다고 한다. 그 형상이 뱀장어처럼 길쭉하기에 '장어의 잠자

Cateping erls

그림 3-2 뱀장어잡이 나간 어부가 그려진 1910년경의 그림엽서

리'라는 말이 생겼다는 것이다. 이러한 형태의 가게는 공간이 넓게 보인다는 장점이 있지만, 옆으로 길쭉하게 생긴 까닭에 채광이나 통풍이 잘 안 되는 단점이 있다고 하는데,[9] 건물의 모양을 장어와 연관시킨 점이 흥미롭다.

한편, 일본의 입장에서 본 장어의 사전적 정의는 다음과 같다.

鰻[うなぎ]: 장어과의 물고기. 원통 형태로서 길이는 60센티미터. 작은 비늘은 피부 속에 들어 있다. 몸 색깔은 환경에 따라 바뀌는데, 보통은 어두운 갈색으로 배 부분은 은백색이다. 일본과 중국에 걸쳐 분포하지만 혼슈[本州] 중부 이남의 태평양 연안, 한국 서부 등에 많다. 유럽산과 미국산의 산란 장소는 버뮤다 제도 남동쪽에 위치한 사르가소(Sargasso)

해역의 수심 300~500미터임이 밝혀졌다. 일본산의 경우는 태평양 앞바다라고 하는데 확실치는 않다. …… 보통 8년 정도 담수(淡水) 생활을 통해 성숙하고, 알을 낳기 위해 바다로 이동한다.[10]

이마무라 쇼헤이[今村昌平] 감독이 연출한 〈우나기(うなぎ)〉(1997)라는 제목의 영화가 있다. 아내의 배신에 분노해 그녀를 살해한 주인공이 감옥에 갔다가 복역을 마친 후 시골 마을에서 이발소 일을 하며 살아가는 이야기를 담은 영화다. 아내의 배신이 살인의 직접적인 원인이긴 하지만, 그녀의 배신에는 아내를 방치한 채 틈만 나면 낚시를 하러 다녔던 주인공 자신의 탓도 있었다. 이에 복역을 마치고 평범한 일상을 살아가는 주인공의 삶은 아내를 용서하는 것뿐만 아니라 자신의 죄를 뉘우치는 과정이었을 수도 있다. 주인공은 출소 초기에는 오직 자신이 기르는 장어에게만 말을 걸고 대화를 하는데, 영화에서 장어는 출소한 이후의 유일한 교감의 대상으로 그려진다. 즉, 주인공 야마시타에게 장어는 죄를 지은 자신이 사회로 돌아가기 전에 마음을 기댔던 말없는 친구 같은 존재였던 것이다. 일본인들에게 장어가 그만큼 친숙하고 편안한 대상임을 영화를 통해 느낄 수 있다.

일본에서는 음식점 앞에 장어를 히라가나인 う(우) 자처럼 그린 입간판을 볼 수 있는데, 음식점은 이 그림을 통해 장어 관련 요리를 팔고 있다는 사실을 드러낸다. 한편 일본에서는 음식점뿐만 아니라 일반 가정에서도 장어 관련 요리를 만들어 먹고 있는데, 그

제3장 | 장어

그림 3-3 간판에 う가 있는 일본의 장어 요리점

대표적인 음식이 장어덮밥[うなぎどんぶり]이다.

그런데 언론에 따르면 일본에서 2010년대 이후로 장어의 개체 수가 급감했다고 한다. 이렇게 된 데에는 치어 남획이 가장 큰 원인으로 꼽히고 있는데, 공급 부족으로 인해 장어 가격 또한 치솟아 문제가 되었다.[11] 이에 따라 일본의 마트나 편의점에서는 '장어가 들어 있지 않은' 장어덮밥이 팔리고 있다고 하는데,[12] 의외로 잘 팔린다는 소식이 특이하면서도 흥미롭게 다가온다.

네 차례 변태를 겪는 장어

장어는 영어로 eel이다. 『옥스퍼드영어사전』과 『메리엄-웹스터

사전』에 따르면, 고대 영어는 *ǽl, eol*, 1500년대 이전 고대 영어는 *ele*, 1600년대 이전 중세 영어는 *eele*, 1500년대 스코틀랜드어는 *eill*, 중세 영어는 *neele*, 1500년대 이후는 *eel*의 형태를 띤다. 고대 영어 *ǽl*은 중세 네덜란드어 *ael*(네덜란드어 *aal*), 고대 고지 독일어 *âl*(독일어 *aal*), 고대 노르웨이어 *áll*(덴마크어 *aal*, 스웨덴어 *ål*)와 함께 고대 독일어 **ǽǽlo-z**에서 기원한다.

eel은 뱀장어뿐만 아니라 붕장어과[*Congridae*]와 곰칫과[*Murænidæ*] 어류를 이르기도 하며, 뱀장어를 닮은 다양한 어류를 아울러 이르기도 한다. 이외에, 뱀 같은 모양으로 인해 식초와 시큼한 페이스트 내에 서식하는 선충을 가리키기도 하고, 미국 북동부 뉴잉글랜드 사람들의 별명으로 사용되기도 한다. 19세기에 뉴잉글랜드에서 장어잡이가 매우 유행했기 때문에 붙은 별명이다.

eel은 명사뿐만 아니라 '장어를 낚다' '꿈틀거리며 움직이다'라는 의미의 동사로도 쓰이는데, 후자는 1922년에 와서야 사용된 용법이다. electric eel은 전기뱀장어이고, eellike는 형용사로 '외관이나 움직임 따위가 뱀장어와 비슷한'이라는 의미이며, eely 또한 형용사로 '뱀장어 같은[eellike]', '요리조리 잘 빠져나가는'을 뜻한다. an eely fellow는 a slippery fellow처럼 '미꾸라지 같은 놈' 정도로 해석 가능하다.

뱀장어는 작은 비늘을 가진 활동적인 육식성 물고기이며, 바다

---

* 단어 앞의 *는 고대나 중세의 독음에 대한 재구음을 뜻하는 표시다.

에서 태어나 민물에서 자란 후 산란을 위해 다시 바다로 이동하여 죽는다. 이러한 과정 중에 장어는 네 번의 큰 변화를 겪는다고 한다. 2020년 5월 25일에 『뉴요커(The New Yorker)』지에 실린 브룩 자비스(Brooke Jarvis)의 글을 보자.

장어는 변태 동물로서 일생 동안 네 차례 상이한 존재로 변신한다. (1) 큰 눈을 가진 자그마한 유충[larva, *leptocephalus*]은 넓은 바다에서 유럽을 향해 떠 있다. (2) 반짝거리는 투명한 실뱀장어[elver]는 내부가 보이는 몇 인치 길이인데, 해안과 강을 따라 이동한다. (3) 황갈색 장어[yellow-brown eel]는 연못에서 잡을 수 있는 종류로, 마른 땅을 가로질러 이동할 수 있고, 진흙 속에서 동면하여 그것이 있었다는 것도 잊어버릴 정도이고, 한 곳에서 반세기 동안 조용히 지낸다. (4) 마지막으로 은장어[silver eel]는 기다랗고 강력한 근육으로 바다를 향해 물결치며 되돌아간다. 이 마지막 변태가 이루어지면 비축된 지방만으로 수천 마일 여행하여 장어의 위가 녹는다. 그리고 생식기관이 처음으로 발달한다. 1900년대 초 덴마크의 탐험가 요하네스 슈미트(Johannes Schmidt)가 유럽에서 7년 동안 장어를 찾으러 다녔지만 장어의 큰 유충만을 찾았을 뿐 별다른 진전이 없다가, 처음 출발한 지 19년이 지나서야 자신의 연구 결과를 발표했다고 한다. 이 사실에서도 알 수 있듯이 장어, 특히 유럽장어는 위와 생식기관이 존재하지 않거나 발달하지 않아 과학자들이 이에 대해 파악하기가 어려웠다. 물론 당시 장어에 관한 생물학적 지식이나 이해가 부족했기 때문일 수도 있으나, 목숨을 건 이동에 자신의 지

방을 에너지원으로 다 쓴 장어
가 번식 과정을 거치고 유럽에
서는 성체가 아닌 유충만 찾아
볼 수 있었던 것은 아닌지 궁
금하다.

그래서 뱀장어가 어떻게 생
겨나는지에 관해 많은 사람들
이 여러 가지 추측과 의견을
내놓았다. 고대 이집트인들은
뱀장어가 나일 강을 데우는 태
양에 의해 생겨났다고 믿었고,
아리스토텔레스는 뱀장어가
진흙과 빗물에서 저절로 생겨

그림 3-4 브룩 자비스의 글에 삽입된
제이슨 홀리(Jason Holley)의 일러스트레이션

났다고 생각했다. 스웨덴 저널리스트인 파트릭 스벤슨(Patrik Svensson)은
『장어 책: 우리의 영원한 매력, 자연계에서 가장 신비로운 생물[The Book
of Eels: Our Enduring Fascination with the Most Mysterious Creature in the
Natural World]』(Ecco, 2020)에서 장어 낚시가 유행하던 영국 시골에서는
대부분의 사람들이 말꼬리의 털이 물에 떨어지면서 뱀장어가 생겼다는
설을 고수했다고 기록했다.[13]

elver는 실뱀장어, 혹은 다양한 장어의 새끼를 가리킨다. 예전에
영국에서는 튀긴 실뱀장어가 저렴한 음식이었는데, 1990년대에

유럽에서 실뱀장어 수가 감소하면서 현재는 영국에서 가장 비싼 별미 중의 하나가 되었다고 한다. 서양에서는 elver-cake라 하여 실뱀장어를 케이크로 만들어 먹기도 한다. 실뱀장어 케이크는 일반적으로 밀가루, 우유, 달걀, 조미료로 만든 반죽에 실뱀장어를 넣고 철판이나 팬에 구워 케이크 모양으로 만든 요리다. 팬케이크나 튀김과 비슷한 식감이며, 그 안에 익힌 실뱀장어가 들어 있다.

무엇이 장어보다 더 평범할 수 있을까? 얼마 전까지만 해도 일반적으로 유럽장어[*Anguilla Anguilla*]를 먹었다. 스웨텐에서는 훈제하거나 맥주에 푹 삶거나 버터로 튀길 것이고, 이탈리아에서는 토마토소스에 삶을 것이며, 영국에서는 육수에 젤리화하거나 달걀과 함께 튀겨 실뱀장어 케이크에 넣을 것이다. 실수로 장어를 살아 있는 채로 파이에 넣은, 「리어왕」에 묘사된 코크니(Cockney) 여인처럼, 장어는 가난한 계층이 즐겨 먹던 소박하고 풍요로운 음식이었다.[14]

제 4 장

강에서 태어나 강으로 돌아오는 · **연어**

유명한 대중가요로, 〈거꾸로 강을 거슬러 오르는 저 힘찬 연어들처럼〉이 있다. 이 노래 제목과 같이, 연어는 강에서 태어나 부화 후 1년여 동안은 강에서 살다가 바다로 내려간다. 성장을 위해 바다에서 3~4년 머물다가 성어(成魚)가 되어 산란기에 이르면 여러 달 동안 수천 킬로미터나 헤엄쳐서 다시 산란지인 강으로 돌아오는 산란 회유(回遊)를 한다. 그러고는 모래 바닥에 알을 낳고 죽는다.

삶의 여정을 위해 넓은 바다로 나서는 치어(稚魚)*의 삶, 그리고 산란 여정을 위해 다시 세찬 물살을 거슬러 강으로 돌아오는 성어의 삶에서는 대단한 근성이 느껴져 감동과 애잔함이 복잡하게 교차한다.

---

* 치어(稚魚)는 알에서 깬 지 얼마 안 되는 어린 물고기를 말한다.

봄에 바다로 나가 가을에 강으로 돌아오니 年魚,
떼를 이루어 올라오니 連魚

한국어 '연어'는 한자로 鰱魚라고 쓴다. 『훈몽자회』에는 鰱 자를 '연어 련'이라고 했다.[1] 鰱은 한국에서 연어를 가리키는 의미로 사용하지만, 원래는 잉엇과 물고기 백련어(아시아잉어)를 뜻하는 글자다.

조선시대에 연어는 '연어'라는 같은 한글 발음에, 각각 年魚, 連魚, 鰱魚, 季魚라는 한자명으로 표기되었다. 기록들을 살펴봤을 때, 세 개의 어명 가운데 年魚(연어)가 가장 앞선 것으로 보인다. 고려 후기의 시에 이미 年魚라는 표기가 등장하기 때문이다.[2] 연어(年魚)와 계어(季魚)는 봄에 바다로 나가서 가을에 강을 거슬러 올라와서 산란하고 죽는 생태 때문에 붙여진 이름일 것이다.

조선왕조실록 세종실록에는 年魚와 鰱魚 두 단어가 혼재해 등장한다. 그 어원을 살펴보면, 연어가 떼를 이루어 올라왔던 것에서 連魚라는 단어가 만들어지고, 이 連魚를 한 글자로 조합해 鰱(연) 자가 만들어졌을 것이다.[3] 이처럼 문헌에서 표기가 혼용되는데서 알 수 있듯이, 한국에서 연어는 과거 민간에서 널리 먹던 어류가 아니었다. 또한 어원학적으로도, 오래전부터 먹던 물고기들은 魚에 선행하는 음절이 ㅇ으로 끝나는데(예를 들어 잉어, 고등어 등) 연어는 이에 해당하지 않는다.[4]

다양한 쓰임새로 대접받은 물고기

조선 전기 대표적 관찬 지리서인『신증동국여지승람(新增東國輿地勝覽)』에는 鰱魚라고 쓰여 있고, 허균의『성소부부고』에는 "연어는 동해에 있는데 알젓이 좋다[鰱魚 東海有之 而卵醢好看]."라고 나온다. 또한 서유구는『난호어목지』에서 연어를 年魚라 표기하고 그 속명을 鰱魚라 하면서 다음과 같이 설명했다.

동해에 있는 물고기의 일종인데, 큰 것은 길이가 두서너 자이고 비늘은 잘고, 청색 바탕에 육색(肉色)은 옅은 붉은색이다. 알 모양이 명주(明珠) 같고 빛깔은 담홍색인데, 소금에 절이면 짙은 붉은색이 되고 삶으면 다시 담홍색이 되며 빛깔 중에 짙붉은색의 점이 한 개 있다. 그 알은 서

그림 4-1 연어가 그려진 조선시대의 청화백자 접시

울 사람들이 매우 좋아한다.

[東海有一種魚, 大者 長數三尺, 鱗細而靑質, 肉色淡赤, 其鰊形如明珠, 色淡

紅, 鹽鮸則深 赤, 蒸麦則復成淡紅色, 中有深紅一點, 南售于京人, 甚珍之.][5]

한편, 서유구가 이보다 후에 저술했던 『임원경제지』 「전어지」에
서는 '연어(秊魚)'*라고 표기되어 있다.

조선왕조실록에는 연어가 여러 번 등장하는데, 몇 개의 기록을
살펴보면 다음과 같다.

태종실록 4권, 태종 2년 8월 4일 을묘(乙卯) 두 번째 기사:

임금이 연어(年魚)를 상왕전(上王殿)에 바치라고 명하였는데, 보내지
아니하고 이미 보냈다고 거짓말을 하였고……

[上命進年魚于上王殿, 未遣而妄言已遣…]

세종실록 21권, 세종 5년 8월 23일 신미(辛未) 첫 번째 기사:

김용기(金龍奇)를 보내어 송이 한 합과 연어알젓 한 항아리를 사신하
게 증정하였다.

[遣金龍奇, 贈松茸一榼, 連魚卵醢一缸于使臣.]

단종실록 2권, 단종 즉위년 8월 27일 정해(丁亥) 다섯 번째 기사:

―――――――――

* 秊는 年의 속자다.

청컨대 이제부터 활을 만드는 데는 또한 연어피(年魚皮)로 만든 아교 (阿膠)를 쓰게 하소서.

[請自今造弓, 亦用年魚皮膠.]

이처럼 조선시대 연어는 진상품으로 임금에게 바쳐지고, 알젓은 사신에게 증정하는 귀한 식재료로 여겨졌으며, 연어 껍질은 아교풀을 만들어 활을 제작하는 데 쓰이는 등 쓰임새가 다양해 귀한 대접을 받는 어류 중 하나였음을 알 수 있다. 다만, 앞서 언급한 바와 같이 연어는 한국 민간에서 즐겨 먹던 어류가 아니었기 때문인지 다른 물고기와 달리 속담이나 관용구, 합성어에 나타나지 않는다.

연어는 알[卵]이 아니라 씨앗[籽]을 낳는다?

중국어로 연어는 '산원위[三文魚]'라고 하는데, 영어 salmon을 음역(音譯)한 것이다.

일부 중국어사전에서는 '산원위[三文魚]'와 함께 '구이위[鮭魚]'라는 명칭을 동시에 나열하고 있지만, 실제로 '구이위[鮭魚]'는 중국에서 연어과(Salmonidae)의 유사종 어류를 공통적으로 부르는 말이며, 또한 일본어에서 '연어'를 가리키는 말로 사용된다. 그 외에 다양한 사전에서 연어를 가리킨다며 나열된 여러 단어도 실제로는 연어가 아닌 다른 유사 어류의 이름이다.

연어는 상당히 큰 생선이라 한 마리 통째로 팔리기보다는 다양한 형태로 손질되어 시장에 나오는데, 가장 기본적인 형태로 큼직하게 덩어리로 썬 '산원위콰이[三文魚塊]'가 있다. 중국어에서 콰이[塊]는 '덩어리'를 의미한다. 또 '산원위바[三文魚扒]'는 가시가 비교적 적고, 껍질은 그대로 있으며, 생선 살이 두꺼운 형태로 손질한 것이다. 바[扒]는 '가르다' '분리하다'의 의미를 가진다. 이 외에도 '산원위파이[三文魚排]'가 있는데, 생선 살은 적고 등뼈가 온전히 있는 형태로 스테이크용이나 커틀릿용 고기와 비슷하게 가공한 것이다. 중국어에서 갈비를 '파이구[排骨]'라 하고, 쇠갈비를 '뉴파이[牛排]', 돼지갈비를 '주파이[豬排]'라고 부르는 것과 유사하다. 또 '산원위류[三文魚柳]'는 생선의 포(脯)를 떠놓은 것으로, 뼈와 가시, 껍질을 발라내고 길게 생선 살만 남겨 가공한 형태다. 그리고 양념을 가미해 가공한 '탸오웨이위[調味魚]'도 있다.[6] 탸오웨이[調味]는 '맛을 내다' '간을 맞추다'라는 의미다.

이처럼 주로 연어 자체를 식품으로 먹기도 하지만 연어 알도 식품으로 인기가 있다. 중국어로 연어 알은 '산원위즈[三文魚籽]'라고 한다. 중국어에서 '알'은 '알 란(卵)' 자를 사용해 표현할 수도 있지만, '씨앗 자(籽)' 자로 더 많이 쓰인다. 즈[籽]는 아주 작은 입자의 사물을 나타내는 단어로, 중국어에서 씨앗이나 알을 나타내고는 한다.

2018년 '중국수산유통과가공협회'와 13개의 기업이 발표한 『生食三文魚(생식연어)』라는 자료에서는 '산원위[三文魚]'가 연어과 어류[Salmonidae]의 통칭(通稱)이라 소개하고 있다. 또 중국 국내산 '산원위[三文魚]'의 대표로 칭하이성 공허현[青海省共和縣]의 '롱양 샤* 산원위[龍羊峽三文魚]'를 특산으로 꼽는다.[7] 그러나 '롱양샤 산원위'는 육질이 유사해 '연어'라는 이름을 붙였을 뿐, 엄밀히 말해 '무지개송어[rainbow trout]'이며, 중국어로는 '홍준[虹鱒]'이라 한다.

실제로 연어의 본고장은 미국 알래스카[8]이고, 수심 200미터 이상의 깊은 바다에 사는 심해어(深海魚)다. 그런데 '홍준[虹鱒]'은 담수어(淡水魚)에 속한다. 소비자들은 두 가지 물고기를 육안(肉眼)으로 명확히 구분하기 어려운데, '홍준[虹鱒]'을 '산원위[三文魚]'와 동급으로 유통하는 것에 대해 이의를 제기하는 사람이 많다.[9] 그러나 매년 9,000여 톤의 연어를 소비하는 중국 시장에서 '롱양샤 산원위[龍羊峽三文魚]'가 차지하는 양은 3분의 1이나 된다. 현재 '롱양샤[龍羊峽]' 홈페이지에서는 '三文魚(虹鱒)'라고 두 대상을 동시에 표기하여 상품을 판매하고 있다.

사케(さけ)인가 샤케(しゃけ)인가, 일본의 연어

일본에서는 연어를 '사케(さけ)'라고 부르고 한자로는 鮭(연어 규)로 표기한다. 아울러 일본 사람들은 연어를 뜻하는 영어 salmon을 음차해 '사몬(サーモン)'이라고 부르기도 한다.

---

* 칭하이성 공허현에 위치한 황허[黃河] 상류 지점이다.

연어의 표준어는 사케(さけ)이지만, 샤케(しゃけ)로 발음하거나 표기하는 일본인들도 많다. 그 때문에 연어를 '사케(さけ)'로 읽어야 하는지, 아니면 '샤케(しゃけ)'로 읽어야 하는지에 관해 논란이 있었던 것으로 보인다. 일본의 국영 방송국인 NHK 웹사이트의 문답 코너에도 이와 관련된 질문과 답변이 올라와 있는데, 그 내용은 다음과 같다.

'사케(サケ/さけ)'와 '샤케(シャケ/しゃけ)'는 옛날부터 양쪽의 형태가 함께 사용되어왔습니다. 1867(게이오 3)년에 나온 『와에이고린슈세이[和英語林集成]』(초판)라는 일영사전(日英辞典)에는 'SAKE(サケ)'와 'SHAKE(シャケ)'가 함께 실려 있습니다(SHAKE 항에는 "Same as Sake"라고 적혀 있음). 또한 샤케(シャケ)는 '사투리 형태'라고 느껴졌던 것 같고, 1889·1890(메이지 22·23)년의 『시한니혼지쇼겐카이[私版日本辞書言海]』[제2·3권]에도 '사케(さけ)'와 '시야케(志やけ)'가 모두 실려 있지만, '시야케(志やけ)'의 항에는 "사케(さけ)의 사투리[さけノ訛]"라고 기록되어 있습니다. 아울러 방송에서 어느 쪽을 사용할 것인가에 관해서는, 방송언어를 논의하는 방송용어위원회에서, 1935(쇼와 10)년에 두 번, 1938(쇼와 13)년에 한 차례 논의되어, 최종적으로 '사케(샤케)'로 결정되었다는 기록이 있습니다(이것은 '사케サケ'를 기본으로 하지만 '샤케シャケ'도 가능하다는 위치 설정이라고 생각합니다). 이를 통해 어느 쪽인지 파악해보면 '사케(サケ)' 쪽이 올바른 형태라는 식으로 인식됩니다만, 다른 한편으로는 이것을 '식자재'로서 인식할 때에는 '샤케(シャケ)'라고 하는 경향도 있습니다.

2021년 6월에 실시된 조사 결과에서는 "○○가 헤엄치고 있다"고 말하는 경우에는 '사케(サケ)'가 압도적으로 많았고, "○○의 토막"이라고 하는 경우에는 '샤케(シャケ)'가 더 많다는 결과가 나온 바 있습니다. 덧붙여 간토[關東]에서는, 두 경우 모두 '샤케(シャケ)'라고 대답한 결과가 전국 평균에 비해 높은 편입니다.[10]

연어를 사케(さけ)로 부를 것인가 아니면 샤케(しゃけ)로 부를 것인가 하는 문제는 약간의 발음 차이라고 볼 수 있겠는데, 이에 관해 여러 문헌 자료를 조사한 결과까지 제시하면서 답변한 NHK 측의 노력이 인상적이다. 위의 내용을 볼 때, 사케(さけ)와 샤케(しゃけ)는 일본에서 둘 다 통용되는 것 같고, 일본의 수도인 도쿄를 포함한 지역인 간토에서는 샤케(しゃけ)를 주로 쓰는 듯하다.

위의 내용에서 눈에 띄는 부분은, 살아 있는 연어를 지칭할 때는 사케(さけ)라고 하고, 식재료로 부를 때는 샤케(しゃけ)라고 한다는 것이다. 위 인용에서 이어지는 내용에는 이런 경향이 소와 돼지 그리고 닭에도 있다고 예를 들고 있다. 그 내용인즉, 살아 있는 상태의 그것들은 각각 우시[牛, うし], 부타[豚, ぶた], 니와토리[鷄, にわとり]라고 하는 반면, 식재료일 때는 규[牛, ぎゅう], 돈[豚, とん], 가시와[鷄, かしわ: 서일본 지역 위주]로 부른다는 것이다. 아울러 cow(動物)와 beef(食材), pig(動物)와 pork(食材)의 경우처럼 서양에서 이러한 구분을 엄격히 하는 것보다는 덜하지만, 일본에서

도 이렇게 구분하는 경향이 있음을 밝히고 있다. 우리의 입장에서 생각해보면, 식재료일 경우 돼지고기 대신에 돈육(豚肉)이라는 용어를 사용하는 것과 비슷한 감각이라고 하겠다. 일본으로 여행을 갈 일이 있다면, 일본 현지에서 연어의 상태에 따라 다르게 불러보는 것도 나쁘지 않을 듯하다.

한편, 일본의 입장에서 바라본 연어의 사전적 정의는 다음과 같다.

鮭[さけ]: 연어과(科)의 어류 가운데 일군(一群)의 총칭, 또는 그중에서의 한 종을 말한다. 후자는 지방에 따라 샤케(しゃけ), 아키아지(あきあじ), 시로자케(しろざけ), 도키시라즈(ときしらず) 등으로 부른다. 몸길이는 1미터, 기름지느러미[脂鰭]를 가지며, 등 쪽은 청회색, 배 쪽은 은백색이다. 산란기에는 붉은색의 반점이 생긴다. 또한 이 시기에는 수컷의 입술이 돌출되어 구부러지는데, '하나마가리[鼻曲り]'라고 불린다. 동해와 북태평양에 분포하며, 바다와 이어지는 강을 향해 산란(産卵)을 위해 거슬러 올라간다. 일본에 있어서의 소상(遡上: 거슬러 올라감) 기록의 남쪽 한계선은 태평양 쪽에서는 도네가와[利根川], 동해 쪽에서는 후쿠오카현[福岡県] 나카가와[中川]다. 치어는 사가미만[相模灣]에도 출현한다. 산란기는 9월부터 이듬해 1월. 암컷은 자갈 밑에 굴을 파고서 산란하며, 자갈을 위에 덮는다. 송어와는 달리 산란 후에 어미와 아비 연어는 생을 마감한다. 부화한 치어는 봄에 강에서 내려와 바다로 들어간다. 2~5년 뒤에 다 자란 성어(成魚)가 되면 강을 거슬러 올라간다. 활어를 먹기도

그림 4-2 연어 알[いくら]을 올린 덮밥

하지만, 대부분 아라마키[新卷]*, 소금 절임, 냉동 연어, 연어 통조림, 훈제 연어 등으로 만들어 먹는다.[11]

인용문의 하단에 나오는 바와 같이 일본에는 다양한 연어 요리가 있는데, 그 말인즉 포획되는 연어의 양이 많음을 의미할 것이다. 그런 만큼 연어와 관련된 이야기도 많은데, 그중 하나가 '가무이코탄[神居古潭]'이라는 설화다.

이 이야기는 홋카이도[北海道]에서 전승된 것인데, 그 지역의 원주민이었던 아이누족 말에 '가무이[神居]'는 신(神)을, '고탄[古潭]'은 '마을[村]'을 뜻한다고 한다. 즉 가무이코탄은 '신들이 사는 마을'이라고 번역할 수 있겠다. 이야기인즉, 까마득한 옛날에 홋카이도 한 곳에 '니네(ニッネ)'라는 마신(魔神)이 있었는데, 사람들이 평화롭게 사는 것을 질투해 강에 큰 돌을 던져 연어가 거슬러 올라가는 것을 막고, 사람들이 사는 마을에 홍수가 나게 했다는 것이다. 이 소식을 들은 '사마이쿠루(サマイクル)'라는 영웅신이 나타

---

* 연어를 소금에 절여 건조시킨 식품.

나 이 마신을 물리쳤다는 것이다. 실제 이 지역에 가면 마신이 던졌다고 전하는 거대한 바위가 있다고 한다.[12]

이야기를 통해 볼 때 이 바위가 연어의 회귀를 방해했던 것이 아닐까 짐작된다. 연어가 강을 거슬러 올라오지 못한 것을 마을의 홍수와 견줄 정도의 재난으로 여겼다는 것을 볼 때, 아이누족을 비롯해 당시 홋카이도에 살았던 사람들은 연어를 중요한 식량자원으로 인식했던 것으로 보인다. 이러한 점에서, 일본에서 식용으로서 연어 포획과 섭취는 유구한 역사를 가진 것으로 여겨진다.

salmon, 연어, 연어 색 그리고 감자

연어의 영어 표현은 salmon(*Oncorhynchus keta*)이다.『옥스퍼드 영어사전』에 의하면, 프랑스어 *samoun*에서 차용되었으며, 라틴어의 *salmōn-em*, *salmo*, 앵글로-노르망어의 *samoun*, *saumoun*, *salmun*(고대 및 현대 프랑스어 *saumon*)에서 기원한 것이다. 형태는 크게 두 가지로 구분할 수 있다. 하나는 중세 영어의 *samoun*, *samown*, 중세 영어에서 1500년대의 *samon*, 1600년대의 *sammon*, 1700년대 스코틀랜드어의 *sawmont*, 1800년대 스코틀랜드어의 *saumon*이고, 다른 하나는 중세 영어의 *salmoun*, 중세 영어에서 1600년대 스코틀랜드어의 *salmond*, 중세 영어부터 현재까지의 salmon이다.

salmon은 연어과[*Salmonidæ*]에 속하는 일반적인 연어를 지칭

그림 4-3 연어 낚시

할 뿐만 아니라,* 과는 동일하나 속이 다른 물고기, 즉 태평양연어
[Pacific salmon] 등을 가리키기도 하고, 과는 다르나 연어와 비슷
하게 생긴 물고기를 가리키기도 한다. 연어의 속살이 붉은 빛깔을
띠므로 salmon은 연어 색[salmon-colour]의 줄임말로도 쓰이며, 속
이 붉은 색을 띠는 감자의 한 종류를 가리키기도 한다.**

연어 학명의 일부인 keta는 chum, dog salmon으로도 불리며
다양한 태평양연어를 가리키고, kelt는 바다로 돌아가기 전, 산란

---

* "그들은 항상 뜨거운 연어를 먹는다[They eteþ hote samoun always]."[13]
** "salmon은 백악질 토양에 좋은 감자로 간주되며, 어떤 지역에서는 붉은 신장이
라고 불린다[The salmons are considered a good potato for the chalky soil; they are what in
some parts are called red kidneys]."[14]

후 상태가 좋지 않은 연어를 가리킨다.* 연어의 살색이 붉은빛을
띠므로 salmon-pink, salmon-red, salmon-rose에서처럼 붉은 색
상을 나타내는 단어와 결합하여 '연어 살색의'라는 의미로 쓰인다.
pink는 연어 새끼를 가리키기도 하며, 북아메리카에서는 pink
salmon의 줄임말로 쓰이기도 한다. pink salmon(*Oncorhynchus
gorbuscha*)은 연어과의 한 종류로서 흑등연어 혹은 곱사연어로도
불린다.**

지혜와 존경의 상징이자 '최초의 음식'인 연어

연어는 켈트(Celts)의 신화와 시에서 중요한 생물로서 지혜와
존경과 연관되어 있다. 아일랜드 전통에서 어부들은 연어를 요정
과 연관시키고 연어의 이름을 부르는 것이 불행을 부른다고 생각
했다. 아일랜드 신화에서 Salmon of Knowledge라고 불리는 생명
체가 '핀의 소년 시절 행적[The Boyhood Deeds of Fionn]'이라는 이
야기에서 중요한 역할을 한다. 이 이야기에서 연어는 연어를 먹는

---

* kelt는 바다로 돌아가기 전, 산란 후 상태가 좋지 않은 연어뿐만 아니라 바다 송
어, 청어도 가리킨다.
** "해양수산부에 따르면 ··· 1993년에 흑등연어 1,200만 마리와 홍연어 2,300만 마
리가 프레이저와 그 지류로 돌아왔다고 한다[According to the Department of Fisheries
and Oceans ··· 12 million pinks, and 23 million sockeye salmon returned to the Fraser and
its tributaries in 1993]."[15]

사람이 누구든 그에게 지식의 능력을 부여하므로, 시인 핀 에세스(Finn Eces)는 연어를 7년 동안이나 찾아다녔다. 핀 에세스가 마침내 연어를 잡아 어린 제자인 핀 막 쿨(Fionn mac Cumhaill)에게 주며 자신을 위해 요리하게 했다. 그러나 핀 막 쿨은 요리 중 연어 육즙에 엄지손가락을 데는 바람에 본능적으로 그 손가락을 입에 넣는다. 그렇게 함으로써 핀 막 쿨은 우연히 연어의 지혜를 얻게 된다.[16]

태평양 북서부의 부족들은 부족들 간에 신념과 가치는 서로 다르지만, 치누크연어(Chinook salmon)를 자신들의 삶과 연결된 중요한 자원으로 보고 있다는 점에서 공통적이다. 즉, 그들에게 있어서 연어는 식량원일 뿐만 아니라 개개인을 하나의 집단으로 연결하는 상징적인 역할도 한다. 이 지역의 원주민 부족들은 연어 사냥을 위해 덫[trap], 갈고리[hook], 둑[weir], 반두 그물[dip net], 작살[harpoon] 등 여러 낚시 도구를 지속적으로 개작했는데, 이는 이들의 식단 중 약 85퍼센트가 바다와 강에서 나왔기 때문이며 연어가 그중 가장 중요하며 기본적인 소비와 경제 이상의 목적을 수행했다는 점은 분명하다.

이러한 배경에서 역사적으로 연어는 일련의 의식을 통해 '최초의 음식[First Foods]'으로 인정받아왔다. 우마틸라 인디언 보호구역[Umatilla Indian Reservation, CTUIR]의 연합 부족에 따르면, "창조주께서 (땅의 피조물들에게) '누가 백성을 돌보겠느냐?'고 물으셨다. 연어가 '제가 하겠습니다.'라고 말하자 다른 물고기들이 연어 뒤에 줄을 섰다."*라는 부분이 있다. 연어가 사람을 돌보기 위해 목숨을 바친 최초의 동물이었기 때문에 그들에게 있어 연어 보호는 필수적이며, 전통적으로 출생 축하나 장례식에서 연어 관련 의식이 열렸던 것이다.[18]

연어는 룸미(Lummi) 부족에게 생명을 유지시키는, 숨을 쉬는 공기만큼이나 중요하다. 예로부터 우리 부족들은 연어 여인[Salmon Woman]이 우리들에게 준 선물인 연어 새끼들[salmon children]의 희생을 기리고 우리 조상들이 가르쳐 주신 공경의 전통을 계승하기 위해 매년 연어 제사를 지내며 연어를 기렸다.

[Salmon is as important to the Lummi people as the air we breathe it sustains our schlelangeng (way of life). Since time immemorial, our people honored the salmon each year by holding a salmon ceremony to respect the gift that the Salmon Woman provides us, the sacrifice of her salmon children, and to pass down the tradition of respect taught to us by our elders.][19]

---

* … the Creator asked [of the creatures of the earth], "who will take care of the people?" Salmon said, "I Will" and the other fish lined up behind him.[17]

제 5 장

여덟 개의 다리를 가진 연체동물 · 문어

둥글둥글한 머리, 여덟 개의 긴 다리(사실 팔이라고 한다)를 가진 연체동물 문어. 일반적으로 서양 문화권에서 문어는 악마의 물고기, 불길한 생물이라는 부정적인 이미지를 갖고 있는 반면, 한국, 중국, 일본 등 동아시아 문화권에서는 긍정적인 이미지를 갖고 있다. 예컨대 우리 고전소설 「토끼전」에서는 토끼를 잡아오라는 용왕의 명령에 지원하는 충성스러운 신하의 모습으로 등장한다. 이와 더불어 이름에 '글월 문(文)' 자가 있는 것과 몸에 지식인의 상징인 먹물을 지닌 것으로 인해 '선비'의 이미지와 연관되기도 한다.

뿐만 아니라 문어는 우리나라 의례 문화에서 중요한 식재료다. 혼례에서는 이바지로, 제례에서는 제물로 쓰인다. 말린 문어는 봉황, 용 모양으로 오려서 잔칫상에 웃기로 올리는 등 귀한 해산물로 인식돼왔다.

무늬가 있는 물고기, 문어

문어는 옛 기록에서 여러 가지 이름으로 표기되어 있다. 예컨대, 여덟 개의 발을 뜻하는 '팔초어(八梢魚)', 현대 중국어의 표기와 동일한 '장어(章魚)'라는 표기가 먼저 보이고, '망조(望潮)' '팔대어(八帶魚)'라는 표기도 보인다.* 동시에 우리말로는 예전부터 '문어(文魚)'라고 했다.

『자산어보』에서는 문어를 章魚(장어)로 표기하며 '文魚(문어)'를 속명으로 표기했다. '章魚(장어)'는 鱆魚(鱆은 '꼴뚜기 장'이다)를 간단하게 표기한 것으로 보인다.¹ 정약전은 문어의 생김새와 특성을 다음과 같이 기록했다.

> 큰 놈은 길이가 7~8자, 머리는 둥글고, 머리 밑에 어깨뼈처럼 여덟 개의 긴 다리가 나와 있다. 다리 밑 한 쪽에는 국화꽃과 같은 단화가 서로 맞붙어서 줄을 이루고 있다. 이것으로써 물체에 흡착한다.
> [大者長 七八尺 頭圓頭下如肩胛出入枝長脚 脚下一半有團花如菊兩對成行 卽所以黏著於物者]²

『난호어목지』에서도 한자로는 章魚(장어), 한글로 '문어'라고 표기하며 생김새, 맛, 명칭에 관해 다음과 같이 기록했다.

> 모양은 오징어와 같은데 머리가 둥글고 색깔이 희며 수염이 없고 여

---

* 각 이름에 들어 있는 한자는 梢(나뭇가지 끝 초), 章(글 장), 望(바랄 망), 潮(밀물 조), 帶(띠 대)다.

덟 개의 발에는 모두 돌덩이 같은 빨판이 못처럼 덕지덕지 붙었다. 머리는 고깃살이 얇아서 깊은 맛은 다리에 있다. 또한 장거(章擧)라고도 하는데 한유(韓愈)의 시에 "문어와 진주조개는 다투어 괴이함을 스스로 뽐내네."라는 구절이 바로 이것이다.『임해이물지(臨海異物志)』에는 길어(●魚)[음은 길(吉)이다.]라고 되어 있는데, 우리나라 사람들은 팔초어(八梢魚)라고 부른다.

[形如烏賊而頭圓, 色白無鬚, 八足皆磈礧戢戢如釘, 其頭肉薄, 厚味在於足, 亦稱章擧, 韓文公詩, 章擧馬甲柱, 鬪以怪自呈, 是也.『臨海志』作●魚[音吉]魚, 東人呼爲八梢魚.][3]

우리나라 3대 어보집인『자산어보』와『난호어목지』에서 章魚(장어)와 文魚(문어)를 동시에 표기하고 있음을 알 수 있다.

문어는 똑똑한 물고기로 알려져 있다. 그래서 혹자는 지능이 높기 때문에 文 자를 더해 '문어'라고 한 것이라고 한다. 하지만 문어는 얼룩무늬가 온몸에 둘러 있기 때문에, 무늬가 있는 물고기라는 의미로 '문어(文魚)'가 된 것이다. '글월 문(文)'은 갑골문에서 사람의 가슴에 어떤 무늬를 새겨놓은 것을 형상화한 글자로, 처음 뜻은 '무늬'였으나 점차 글자, 글, 문학 등의 의미로 확장된 것이다.[4]

그림 5-1 갑골에
새겨진 文

조선 후기 실학자 이규경(李圭景 1788~?)이 편찬한 백과사전『오주연문장전산고(五洲衍文長箋

散稿)』에는 원나라 문헌 『여황일소(艅艎日疏)』를 인용해 "문어가 사람의 머리와 닮아서 문어라 한다[蚨蜻似人首者 似指今俗方言文魚也]."고 했다. 이 짧은 구절의 해설로 문어의 생긴 모습이 사람의 민머리처럼 생겨서 '민어'라 부르다가 한자로 文魚라 쓰게 되었다는 설도 전한다.[5]

먹어본 사람만 아는 문어의 맛

조선시대 문인들은 각종 글에서 문어를 맛이 좋고 건강에 좋은 음식으로 묘사했다.

조선 전기의 문신 신광한(申光漢, 1484~1555)은 「예전에 보낸 문어에 사례하며[又謝惠古之文魚]」라는 글에서 "문어를 씹어 먹으면 병든 몸이 되살아난다네[兼嚼文魚病自蘇]."라며 원기 회복에 좋은 음식으로 서술했다. 또한 조선의 유학자 이득윤(李得胤, 1553~1630)은 「이양구가 보낸 바다의 맛 좋은 음식에 사례하며[謝李養久惠海味]」라는 글에서 "문어 다리 두 개는 삼십 개의 인삼과 같다[二脚文魚卅箇蔘]."라고 했다. 한방에서 최고의 약재로 인정받는 인삼보다 문어가 보양식으로의 가치가 더 높다고 평가한 것이다. 조선 중기의 문신 이응희(李應禧 1579~1651)도 '문어(文魚)'라는 제목의 시에서 "온 세상이 잔치를 열 때마다 좋은 안주로 이것이 꼭 필요하지[擧世張高宴 佳肴必汝期]."라며 잔칫상에 빠질 수 없는 음식으로 문어를 꼽았다.

맛 평가라면 빠질 수 없는 조선 중기의 문신 허균도 시문집 『성소부부고』 26권 「설부(說部)」에서 "팔대어(八帶魚)는 곧 문어(文魚)인데 동해에서 난다. 중국인들이 좋아한다[八帶魚 卽文魚 産于 東海 華人好之]."라고 기록했다. 반면, 조선 후기의 학자 이익(李瀷, 1629~1690)의 『성호사설(星湖僿說)』 5권 「만물문(萬物門)」에는 다음과 같은 기록이 보인다.

조금 후에 문어갱(文魚羹)을 올렸는데, 문어란 것은 바로 팔초어(八梢魚)다. 그런데 천장(天將)*도 역시 난처한 빛을 보이고 먹지 않았다. 사람들이 전하는 말에, "이 문어는 우리나라에서만 생산되는 까닭에 천장이 처음 보게 된 것이다."고 한다. 내가 천사 동월(董越)이 지은 「조선부(朝鮮賦)」를 보니,** 그의 자주(自註)에, "문어는 바로 중국 절강(浙江)에서 나는 망조어(望潮魚)이다."라고 하였다. 그렇다면 임진년 난리 때 이여송(李如松) 무리들은 대부분 중국 북쪽 지방의 사람인지라, 남북 거리가 동떨어지게 멀기 때문에 강회(江淮)의 어물을 보지 못한 것은 당연한 일이다.

---

* 임진왜란 당시 조선에 출병한 명나라 장수를 일컫는 말로, 인용문 속 "임진년 난리 때 이여송 무리들"이다.
** 동월의 「조선부」는 성종 19년(1488) 반조정사(頒詔正使)로 조선을 찾았던 명나라 관료 동월이 조선 사행을 마친 뒤 조선의 산천과 풍속, 인정과 물정을 부(賦)의 형식으로 기록한 글이다. 「조선부」는 간행되자마자 조선과 중국 두 나라 사람들에게 상당한 관심과 호응을 받았고 널리 읽혀졌다.[6]

[進文魚羹文魚者八梢魚也天將亦有難色人傳此物只産扵我土故天將剏見云
余見天使董越朝鮮賦自註云文魚即浙江之望潮魚也然則壬辰李如松輩多是北人
壤地絶遠江淮魚錯有所未見宜矣]

생전처음 문어를 본 중국 북방 사람이 문어의 형상을 징그럽게
느껴 입에도 대지 않았던 모습이 그려진다. 즉, 문어는 그 맛을 아
는 사람에게는 환영받는 음식이었으나 그것을 처음 본 사람에게
는 머리에 붙어 방사상으로 뻗은 많은 다리, 그 다리에 더덕더덕
달려 있는 빨판이 더없이 혐오스럽게 느껴졌을 것이다. 먹어본 사
람만 아는 문어의 쫄깃하고 담백한 맛이다.

우리 속담에 '문어 제 다리 뜯어 먹는 격'이 있다. 이는 문어가
몹시 굶주리면 자신의 다리를 뜯어 먹는 습성으로 인해 생긴 속
담으로, 같은 편끼리 서로 헐뜯고 비방하는 행위, 또는 자신의 밑
천이나 재산을 차츰차츰 까먹는 것을 비유적으로 이른다. 실제로
문어의 다리는 새로 재생된다고 한다.

또한 '여덟 가랭이 대문어같이 멀끔하다.'라는 속담은 문어의 매
끈한 피부 특성을 사람의 외모에 반영한 것으로, 생김이 환하고
멀끔함을 비유적으로 이르는 말이다. 최근에는 외모가 못생긴 사
람을 빗대어 '오징어'라고 부르고는 하는데, 이와 반대로 문어는
예로부터 잘생긴 사람을 빗대었다는 것이 흥미롭다.

싸움 걸기를 좋아하는 바다의 강호

문어는 힘이 세서, 문어가 움직이면 주변 물고기들은 놀라서 금세 달아난다. 이런 모습과 관련해, 과학자들은 문어가 물고기보다 사냥감을 먼저 먹기 위해 물고기를 때리기도 한다는 관찰 결과를 내놓기도 했다.[7] 이런 특성 때문인지, 중국 사람들은 문어가 싸움 걸기를 좋아한다고 해서 바다 세계에서의 강호(強豪)라는 의미로 '하이양이바[海洋一霸]'라고 표현한다.

이런 문어는 중국어로 '장위[章魚]'다. 그 외에 바좌위[八爪魚], 샤오[蛸] 등의 별칭이 있다. 이 가운데 '바좌위[八爪魚]'는 문어의 형태를 가장 잘 형상화한 명칭으로, 다리가 여덟 개인 어류를 뜻한다. '샤오[蛸]'는 머리에서 꼬리 부분으로 갈수록 점점 작고 가늘어지는 동물을 의미하는 한자다. '샤오[蛸]'는 '벌레 충(虫)'과 '닮을 초(肖)'로 이루어진 형성자(形聲字)다. 바다동물 가운데 새우와 조개를 각각 '새우 하(蝦)'와 '조개 합(蛤)'으로 적는데, 이를 통해 몸체를 딱딱한 껍데기가 감싸고 있는 생물에 虫 자를 붙이고 있음을 알 수 있다. 한편 문어를 가리킬 때 蛸를 쓰는 것을 보면, 갑각류뿐 아니라 연체류 동물에도 虫 자를 쓰고 있음이 확인된다.

명나라 약학자 이시진이 엮은 약학서 『본초강목』의 「인부·장어(鱗部·章魚)」에는 "문어는 남중국해[南海]에서 난다. 형체는 오징어와 같이 크고, 여덟 개의 다리가 있으며, 몸통에는 살이 붙어 있다[章魚生南海, 形如烏賊而大, 八足, 身上有肉]."라고 설명되어 있다.

바좌위[八爪魚]는 여러 다리를 걸치는 사람

중국어로 주꾸미를 '샤오장위[小章魚]'라고 한다. 한자를 직역하면 '작은 문어'인데, 문어과의 연체동물 중 하나인 주꾸미는 문어와 똑같이 다리가 여덟 개이고, 전체적인 외형도 많이 닮았지만 문어에 비해 크기가 훨씬 작다. 주꾸미의 중국어 명칭은 이런 특징이 잘 반영되어 있어서 기억하기 쉽다.

중국어에는 문어와 관련된 언어 표현이 많이 나타나지 않지만, 소설 「홍루몽(紅樓夢)」*을 2010년에 리샤오홍[李少紅] 감독이 드라마로 만든 〈홍루몽〉에서 입을 삐죽 내민 임대옥(林黛玉)의 모습을 '장위쭈이[章魚嘴: 문어 입]'라는 표현으로 비유했다.

문어의 또 다른 별칭인 '바좌위[八爪魚]'는 연인을 배신하고 바람을 피우는 사람의 행동에 대한 비유로도 사용된다.** 바좌위[八爪魚]는 '다리가 여덟 개인 어류'라는 의미인데, 여기저기 다른 이성들을 몰래 사귀는 바람둥이의 행동을 다리를 여러 곳에 걸치고 있는 문어의 모습으로 비유한 표현이다.

---

* 청나라 때 조설근(曹雪芹)이 쓴 장편소설이다.
** 2020년 4월 중국 연예계 한 배우의 스캔들에 대해 격분한 동료 여성 배우가 문어를 접시에 담아서 다리를 자르는 영상을 찍어 올려 한 때 화제가 되었는데, 이를 '바좌위스젠[八爪魚事件: 문어 사건]'이라고 한다.

그림 5-2 문어잡이용 항아리, 다코쓰보

일본인들에게 친숙한 요리 재료, 문어

일본에서는 문어를 '다코(たこ)'라고 부르고 한자로는 蛸(문어소)나 章魚 등으로 표현한다. 蛸와 관련된 일본의 한자어로는 다코쓰보[蛸壺, たこつぼ)가 있는데, 이름 그대로 '문어를 잡을 때 쓰는 항아리'다. 항아리와 같은 도구를 바다에 넣어 문어를 잡는 방법은 일본을 비롯한 아시아뿐 아니라 유럽의 지중해 및 여러 지역에서 활용되었는데, 문어가 잠시 쉬거나 자신을 지키고자 깊이가 있는 공간으로 스스로 들어가는 습성을 이용한 포획법이다.[8]

한편 다코(たこ)와 관련된 관형구로 '다코노 토모구이[蛸の共食い]'와 '다코노 쿠소데 아타마니 마가루[蛸の糞で頭に上がる]'와 같은 표현이 있다. 먼저 '다코노 토모구이[蛸の共食い]'는 직역하면 '문어끼리 서로 잡아먹는다.'가 되는데, 같은 종류의 존재가 서로를 해치는 것을 말한다. 요즘 사람들이 하는 말로 본다면 '팀 킬 (team kill)' 정도가 될까? 한편 '다코노 쿠소데 아타마니 마가루[蛸の糞で頭に上がる]'는 직역하면 '문어의 똥을 머리에 올린다.'가 되는데, 자기는 혼자서 의기양양하지만 남들은 그 사람을 얕잡아보고 있는 상황을 일컫는다. 일본의 입장에서 본 문어의 사전적 정의는 다음과 같다.

蛸·章魚[たこ]: 두족(頭足: 머리에 다리가 붙어 있는 형태)계 팔완(八腕: 여덟 개 다리) 계열 연체동물의 총칭.* 몸체의 뒷부분에 지느러미가 없고 또한 촉완(觸腕)도 없다.** 몸을 감싸고 있는 막의 가장자리는 오징어류처럼 열려 있지 않고 보통 닫혀 있다. 아가미는 한 쌍이다. 다리의 흡착판은 2열인 것이 많다. 흡착판은 두꺼운 살로서, 피로하면 곧바로 표면이 벗겨진다. 분류하기 어려워 연구가 불충분한 군체도 있지만, 일본 근해만 해도 약 30종이 있다고 여겨진다. 모두 바다에 서식하며, 가이다코(かいだこ), 아미다코(あみだこ)처럼 해수면 위를 떠다니는 종류도 있고, 마다코(まだこ)처럼 비교적 연안에 사는 종류, 지히로다코(ちひろだこ), 구

---

* '두족류'는 머리가 다리에 붙어 있는 형태인 생물을 말한다. '팔완'은 다리가 8개인 연체동물류인데, 오징어와 같은 십완류와는 달리 육지를 기어다닐 수 있다고 한다.
** 다리가 10개인 오징어의 경우, 2개의 촉완이 있다.

제5장 | 문어

로다코(くろだこ)처럼 수백에서 수천 미터 아래의 심해(深海)에 서식하는 종류도 있다. 마다코(まだこ), 미즈다코(みずだこ), 이이다코(いいだこ) 등 연간 약 10만 톤의 어획이 있기에 수산업에서 중요하다.[9]

인용문에서 10만 톤의 어획량과 수산업에서 중요하다고 언급한 것을 통해 일본의 문어 소비량이 상당할 것으로 짐작할 수 있다. 실제로 문어로 만든 요리 종류 역시 다양한데, '문어 숙회(熟鱠)' '다코와사비' '문어 초무침' 등이 있다. 아울러 비교적 친근한 일본의 문어 요리로 '다코야키(たこ焼き)'가 있는데, 사전에서는 '둥근 모양의 틀에 묽은 밀가루 반죽과 잘게 썬 문어를 넣어 만든 일본식 풀빵'이라고 설명하고 있다. 우리가 먹는 붕어빵와 마찬가지로, 다코야키도 기본적으로는 풀빵인 것이다.

다리가 여덟 개라 octopus

문어는 영어로 octopus다. octopus는 라틴어 *octopus*의 차용어로, 고대 그리스어 ὀκτώποδ-, ὀκτώπους (또한 ὀκτάποδ-, ὀκτάπους)에서 유래한 것이다. ὀκτώ는 '8개', πόδ-, πους는 '다리'라는 의미로, octopus는 '다리가 8개인' 혹은 '다리가 8개인 생물'이다. 한국에서는 일반적으로 '문어 다리'라고 하는 반면, 영어에서는 '문어 발[octopus feet]' 혹은 '문어 팔[octopus arms]'로 부르는 점이 흥미롭다.

octopus의 복수형은 그리스어 복수형을 반영하는 octopuses와 라틴어 복수형을 반영하는 octopi 두 가지인데, 후자는 격변화 오해로 인한 문법적으로 틀린 표현이라고 한다. octopus는 그리스어 혹은 라틴어의 제3격 변화 명사인데, 라틴어의 제2격 변화 명사 혹은 형용사(-us)라고 잘못 이해했기 때문이다.

일차적으로 octopus는 두족류 연체동물 또는 문어목[Octopoda] 동물을 의미하며, 음식으로서 문어의 살, 나아가 문어처럼 생긴 것을 의미하기도 한다. 비유적으로 문어와 유사하거나 문어임을 암시하는 것, 특히 일반적으로 유해하거나 파괴적으로 조직된, 확장된 파급력을 가진 권력, 광범위한 영향력 등을 의미한다. 'octopus-like[문어와 같은]'로 파생되었다. 'a strange-looking octopus-like creature[문어처럼 생긴, 이상하게 보이는 생물]'와 같이 사용된다.

문어의 상징성과 과학

문어는 대서양, 인도양 및 태평양에서 발견된다. 지능이 높은 동물로 사물 파악과 학습의 속도가 다른 동물보다 빠르며, 시각, 촉각 및 화학적 신호를 기반으로 결정을 내릴 수 있다.

문어는 독특한 생김새와 습성으로 인해 여러 가지 상징성을 가진다. 부정적인 측면에서는 위협을 받거나 겁을 먹을 때 방출하는 새까만 잉크 같은 물질로 인해 사악함을 상징하기도 하고, 여덟

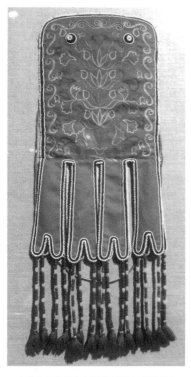

그림 5-3 아타파스카족의 문어 문양 가방

개의 촉수(다리)를 가진 악마의 물고기로 비쳐지기도 한다. 긍정적인 측면에서는 해저의 강력한 생명체로 여겨지기도 하고, 여덟 개의 다리로 인해 다산을 상징하기도 하며, 촉수와 빨판을 나타내는 기호가 사랑의 상징으로 간주되어 주술 부적에 사용되기도 한다.

아메리카 원주민 문화에 까마귀와 문어가 등장하는 설화가 있다. 설화 속의 문어는 여덟 개의 촉수 각각에 땋은 머리카락 여덟 개를 가진 여자로 변신하고 있었다. 썰물 때 해변에서 조개를 캐고 있던 어느 날, 검은 머리카락이 아름다운 남자로 변신한 까마귀가 와서 무엇을 하고 있는지 계속 물으며 그녀를 귀찮게 했다. 문어는 까마귀가 가까이 왔을 때 땋은 머리로 까마귀를 포획해 바다로 끌고 갔다. 밀물이 들어오자 까마귀는 익사했고 문어는 물속에서도 숨을 쉴 수 있어서 살았다. 마을 사람들은 이 까마귀[raven]를 구출해 그 사촌 까마귀[crow]의 도움으로 소생시켰다. 오랜 시간 후에 까마귀는 해변으로 돌아갔지만 다시는 문어를 괴롭히지 않았다.

그림 5-4 기원전 540년경 제작된 기와의 고르곤 문양

이 설화 때문일까? 아메리카 원주민 아타파스카족(Athapaskan) 인디언의 문어 문양 가방은 매우 인기가 있다고 한다.

기독교에서는 물고기 상징주의가 매우 강하다. 물고기가 예수 그리스도를 상징하기 때문이다. 기독교 예술에서 문어는 신비, 유연성, 유동성, 지성, 적응성, 예측 불가능성을 상징한다. 끊임없이 변화하는 해저에 거하되 골격이 없고 움직임이 빠르기 때문이다. 이 때문에 문어는 영적으로 창의성을 상징하며, 인간이 비정통적인 방식으로 목표를 향해 나아가도록 북돋운다고 한다.[10]

고대의 예술 작품과 디자인에도 문어는 중요한 모티브로 쓰였다. 크레타 문명이 번성한 도시인 크노소스(Knossos)와 파이스

토스(Phaistos)에서 인간과 동물을 모티브로 한 돌 조각이 발굴되었는데, 문어를 나르는 어부를 묘사한 것이었다. 그리스 신화에 등장하는 고르곤이 문어나 오징어에서 영감을 받았을 가능성이 있다. 잘려나간 메두사의 머리는 문어 자체를, 고르곤의 튀어나온 혀와 송곳니는 문어 입의 부리를, 고르곤 머리카락인 뱀은 문어의 촉수를 나타낸다.[11]

한편, 문어는 여러 특징으로 인해 과학기술 분야에서도 주목받고 있다. 지능이 있어 일부 국가에서는 마취 없이 수술할 수 없는 실험 동물로 등록되어 있고, 다리 재생, 피부 변색, 분산신경계 등 문어의 특징은 생물학 연구에 다양한 가능성을 제공한다. 일부 로봇공학 분야에서는 문어의 특징을 생체에 모방하려는 연구를 진행하고 있다. 문어의 다리가 중추신경계의 개입 없이 자율적으로 움직이고 탐색할 수 있기 때문이다.[12]

제 6 장

먹물을 쏘고 달아나는 · 오징어

쫄깃한 식감과 씹을수록 느껴지는 깊은 맛, 저렴한 가격으로 국, 찌개, 볶음, 무침, 구이, 찜, 젓갈 등으로 다채롭게 조리되는 오징어는 우리나라뿐 아니라 세계 여러 나라에서 사랑받는 식재료다. 이처럼 여러 가지 요리가 되어 다양한 맛을 전하는 오징어지만, 최근에는 못생긴 사람을 비유하는 신조어로 쓰이기도 한다. 그러나 2021년 우리나라 문화 콘텐츠 〈오징어게임〉이 전 세계적으로 큰 인기를 끌면서 이제는 '오징어'라는 이름만 들어도 〈오징어게임〉이 자연스럽게 떠오른다.

〈오징어게임〉의 흥행과 더불어 최근 언론 및 인터넷 등에서 '오적어(烏賊魚)'라는 말이 종종 등장하고 있다. 2021년 한국민속촌에서 진행된 전통 민속놀이 체험 행사에 '오적어놀이'라는 행사명이 붙기도 했다. 옛 문헌에서 오징어를 烏賊魚로 표기한 까닭이다. 맛있는 식재료에서 이 시대를 대표하는 문화 용어가 된 '오징어'에 관해 살펴보자.

오징어의 옛 명칭, 오적어

조선시대 문헌에는 오징어를 '烏賊魚'라는 한자로 표기했다. 오
적어는 '까마귀 오(烏)'와 '도둑 적(賊)', '고기 어(魚)'가 합쳐진 것
이다. 먼저, 오적어(烏賊魚)라는 명칭은 『동의보감』, 『물명고(物名
考)』, 『물보(物譜)』, 『임원경제지』「전어지」, 『규합총서(閨閤叢書)』
등에서 그 기록을 찾을 수 있다.

『자산어보』에서는 오징어를 烏賊魚라고 표기하며 다음과 같이
설명했다.

> 큰 놈은 몸통이 한 자가량이다. 몸은 타원형으로 머리가 작고 둥글며
> 머리 아래에 가는 목이 있다. 목 위에 눈이 있고 머리 끝에 입이 있다. 입
> 둘레에는 여덟 개의 다리가 있어 가늘기가 낚싯줄과 같고 길이는 2~3치
> 에 불과한데, 모두 국제(菊蹄: 빨판)가 붙어 있다. …… 가운데에 있는 주
> 머니에는 먹물이 가득 차 있다.
>
> [大者徑一尺許 體橢圓頭小而圓頭下細頸 頸上有目頭端有口 口圍有八脚 細
> 如釣綸長不過二三寸而皆有菊蹄 … 中有囊盛黑汗][1]

위 인용문에서 보듯이, 정약전은 오징어의 다리가 8개라고 명
시하고 있는데, 이는 오징어가 먹잇감을 사냥하거나 짝짓기를 할
때 쓰는 촉완(觸腕)이라고 부르는 두 개의 긴 다리를 제외하고 설
명한 듯하다. 같은 두족강인 문어는 다리가 8개인 팔완목(八腕目),

오징어는 다리가 10개라 십완목(十腕目)이다.

믿지 못할 약속: 오적어 묵계(烏賊魚 墨契)

다산 정약용(丁若鏞, 1762~1836)의 시 중에 오징어가 등장하는 것이 몇 편 있는데, 그중 오징어 먹물에 관한 언급을 두 편의 시에서 찾을 수 있다. 먼저, 「산으로 돌아가는 성수를 보내다[送惺叟還山]」에 다음과 같은 구절이 있다.

늙은이 언약은 오적묵의 서약이 될까 걱정이요　　老約恐成題鯽誓
좋은 시는 마치 거위와 바꾼 경을 띤 듯하네　　詩裝聊帶換鵝經

또한 「두보의 시 십이 수를 화답하다[和杜詩十二首]」에도 다음과 같은 구절이 나온다.

죽은 뒤의 문장은 오적묵으로 기록하고　　身後文章書墨鯽
세상 사람의 위장은 황충을 먹는다오　　世間腸胃食黃蟲

위의 두 시에서 '오적묵(烏賊墨)'은 공통적으로 오징어 뱃속에 든 먹물을 이르는 것이다. 첫 번째 시에서는 약속을 지키지 못할까 걱정하는 자신의 마음을 '오적묵의 서약'이라고 비유했는데, 이런 표현은 두 번째 시에서 보듯 중국에서 비롯된 것이다.

옛날 중국 강동(江東) 사람들은 흔히 실제 먹물 대신 오징어 먹물을 취해 이것으로 계약서를 작성하고 다른 사람과 재물을 거래했다고 한다. 그러나 해가 지나면 이 먹물이 다 없어져서 빈 종이만 남았다는 것이다. 일종의 사기계약인 셈이다. 즉, 정약용은 곧 사라질 오징어 먹물처럼 자신의 언약이 지켜지지 못할 약속이 될 것을 걱정하는 마음을 이렇게 표현한 것이다.

조선시대 실학자 이수광(李睟光, 1563~1628)도 『지봉유설(芝峯類設)』에서 "오징어의 먹물로 글씨를 쓰면 해를 지나서 먹이 없어지고 빈 종이가 된다. 사람을 간사하게 속이는 자는 이것을 써서 속인다."고 언급했다. 실제로 오징어 먹물은 주성분이 멜라닌이라 시간이 지나면 색이 바랜다고 한다. 이러한 이유로 믿지 못할 약속

그림 6-1 해풍에 오징어를 말리는 모습

　　　　　　　　　　　　　　　　　　　　제6장 | 오징어

또는 지켜지지 않은 약속을 '오적어 묵계(烏賊魚 墨契)'라고 비유적으로 이르게 된 것으로 추측할 수 있다. 원래 묵계(默契)는 '잠잠할 묵(默)' 자를 써서 '말이 없는 가운데 뜻이 서로 맞음, 또는 그렇게 하여 성립한 약속'을 뜻하는 단어다. 그런데 이 묵 자를 '먹묵(墨)'으로 바꿈으로써 원래의 묵계와는 정반대의 뜻을 가진 '오적어 묵계'라는 비유적인 단어가 된 것이다.

못생긴 사람이 오징어?

오징어는 최근 '못생긴 사람'을 비유하는 말로 쓰이곤 한다. 처음에는 젊은층을 중심으로 인터넷 용어로 사용되던 것이 어느새 국립국어원의 오픈사전 '우리말샘'에도 올라, 오징어의 두 번째 의미를 "외모가 뛰어나지 않은 사람을 놀림조로 이르는 말"이라고 풀이하고 있다.

그렇다면 못생긴 사람을 왜 오징어에 비유하게 된 것일까? 이와 관련하여 한 예능 프로그램에 출연한 성형외과 전문의는 이렇게 설명했다. 외모가 뛰어난 사람의 경우 이목구비가 뚜렷하여 얼굴의 굴곡이 입체적으로 보이는 반면, 못생겼다는 말을 듣는 얼굴은 이와 반대로 평면적으로 보인다. 또한 어두운 피부는 밝은 피부에 비해 부정적 느낌을 주기 때문에 어두운 피부와 평면적인 얼굴이 합쳐지면 말린 오징어와 비슷한 느낌을 준다는 것이다.[2]

오징어라는 비유는 외모로 사람을 구분하고 상대를 차별하는 한국 사회를 단편적으로 보여주는 듯하다. 외모로 사람을 평가하기보다는 사람이 가진 다양한 색과 무늬를 존중하는 사회가 된다면, 다양한 요리에 활용되는 오징어처럼 다양한 재주로 많은 사람의 환영을 받는 사람을 오징어로 비유하게 되지 않을까.

검은 먹물을 쏘고 도망가는 창우제이[槍烏賊]

중국어로 오징어는 '오징어 우(魷)'와 '물고기 어(魚)'를 합쳐서 '여우위[魷魚]'라고 부른다. 또 '부드럽다'는 의미를 가진 '柔(유)' 자를 써서 '러우위[柔魚]'라는 별칭으로 부르기도 하는데, 오징어의 유연하고 부드러운 특징이 이름에 담겨 있다.

중국어에는 오징어를 부르는 또 하나의 재미있는 별칭이 있는데, 바로 '창우제이[槍烏賊]'다. 단어의 의미를 살펴보면 창[槍]은 총, 우제이[烏賊]는 '검은 도둑'이라는 뜻이다. 오징어가 적을 만났을 때 검은 먹물을 쏘고 도망가는 행태를 비유해 이런 명칭이 만들어졌다는 속설이 있다.

중국어에서는 여우위[魷魚] 뒤에 여러 단어를 결합해 또 다른 다양한 단어를 형성할 수 있다. 예를 들어 여우위[魷魚]에 '어린, 작다, 새끼'의 의미를 가진 즈[仔]를 붙이면 '여우위즈[魷魚仔]', 즉 '꼴뚜기'가 된다. 또 여우위[魷魚]에 쉬[須]라는 단어를 결합하면 오징어 다리가 된다. 본래 쉬[須]는 일반적으로 '수염'을 의미하지만, 동물의 촉수나 다리를 뜻하는 경우에도 사용된다.

그림 6-2 꽃 모양으로 칼집을 낸 여우위화

　중국에서도 오징어는 흔한 식재료인데, 손질된 상태에 따라서 오징어를 다양한 단어로 표현한다. 먼저, 마른 오징어는 '여우위간[魷魚乾]'이라고 한다. 한국어와 달리 '말린'이라는 수식어가 뒤에 붙는다. 또 오징어를 잘게 채 썬 경우는 '실 사(絲)' 자를 써서 '여우위스[魷魚絲]'라고 하며, '조각 편(片)' 자를 붙인 '여우위펜[魷鱼片]'은 오징어를 떡국 떡 크기만큼 편으로 썰어놓은 모양을 가리키는 단어다. 그리고 '여우위화[魷魚花]'는 오징어에 칼집을 내서 꽃 모양처럼 만든 것을 의미한다. 이 단어들을 음식 메뉴판에서 보게 된다면 오징어를 어떠한 모양으로 손질해 만든 요리인지 짐작할 수 있다.

해고를 당하면 오징어처럼 오그라든다

중국어에는 오징어가 등장하는 재미있는 비유들이 몇 가지 있다.

먼저, '해고하다, 파면하다'를 뜻하는 '차오여우위[炒魷魚]'다. 차오여우위[炒魷魚]는 본래 '오징어볶음'을 뜻한다. 오징어를 볶으면 열에 닿은 오징어 살이 조금씩 오그라든다. 그 모습이 마치 해고를 당하고 이불 보따리 등의 짐을 싸서 옮겨 가는 모습과 유사해 형성된 비유적 표현이다. 1980~90년대에는 돈을 벌기 위해 중국 내에서 광둥이나 홍콩으로 이주하는 사람이 많았다. 그런데 직장에서는 타지에서 온 노동자에게 숙소는 제공해주지만 이불 따위는 제공해주지 않았기 때문에, 노동자들은 직장을 옮길 때 이불이나 필요한 짐을 돌돌 말아서 들고 다녀야 했다. 그 모습이 마치 오징어가 불 위에서 오그라드는 모습과 흡사하다고 여겨 이런 표현이 생긴 것이다.

중국어에 '해고하다'를 의미하는 또 다른 표현이 있는데, '줴안푸가이[捲鋪蓋]'다. 이 단어를 직역하면 '이불을 말다'이고, 이 또한 '직장을 그만두다'를 뜻한다. 따라서 차오여우위[炒魷魚]와 '줴안푸가이[捲鋪蓋]'는 모두 이불이나 보따리 등을 말아서 옮겨 가는 모습에서 파생된 단어다.

이와 달리, 오징어를 긍정적인 비유로 사용한 단어도 있다. 직역하면 '오징어 몸매'가 되는 '여우위선차이[魷魚身材]'는 '늘씬한 몸매'를 가리키는 단어다. 중국의 검색 포털 사이트인 SOHU에서 한

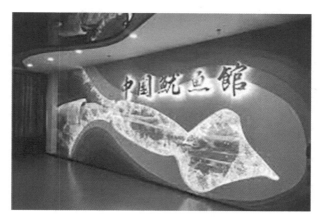

그림 6-3 해양생물 디지털 전시관, 중궈여우위관

네티즌이 1971년생인 중국 배우 주인[朱茵]의 '늘씬하고 볼륨 있는 몸매'를 묘사하며 사용한 표현이다.[3] 2019년에 한 영화제에 참석한 주인[朱茵]은 몸에 꼭 끼는 시스 스커트(sheath skirt)*를 입고 있었는데, 전체적인 모습이 오징어를 형상화한 듯 보였던 것이다. 그러나 전달하는 의미는 부정적인 것이 아닌 늘씬한 몸매에 관한 묘사다.

중궈여우위관[中國魷魚館]은 중국 저장성 저우산시[舟山市]에 있는 해양생물 디지털 전시관으로, 오징어 관련한 내용을 전시하고 체험할 수 있는 공간을 마련하고 있다. 저우산시에는 국가농업

---

* 칼집 모양으로 옆 라인이 확실하게 나타날 정도로 꼭 맞는 스커트로서, 전체적으로 끝단으로 내려갈수록 폭이 좁아진다.[4]

부가 승인한 최초의 국가급 원양어업 기지가 있는데, 원양어선이 600척 넘고, 원양어업 생산량이 40만 톤 넘는 중국의 중심 어항(漁港)이다. 이곳 어획량의 대부분을 차지하는 것은 오징어와 참치이며, 매일 실시간으로 오징어의 가격지수를 발표한다.

오징어 뼈보다는 연공서열

일본에서는 오징어를 '이카(いか)'라고 부르며, 한자로는 烏賊[いか] 혹은 鯣烏賊[するめいか] 등으로 표현한다. 일본에서 오징어를 烏賊으로 표기한 것은 중국으로부터 수용한 것으로 보인다. 다만 발음으로 볼 때 이카(いか)는 烏賊과는 직접적인 관련이 없는 듯하다. 이런 까닭에 이카(いか)라는 발음의 유래가 궁금해지는데, 이에 관해서는 여러 설이 있다.

첫 번째로는 네모난 모양을 가졌기에 엄격하다는 뜻의 '이카메시이[厳(いかめ)しい]' '이카쓰이[厳(いか)つい]'에서 유래했다는 설, 두 번째로는 い가 발어사이고, か가 오징어의 복부에 있는 배 껍질[甲]을 의미한다는 설, 세 번째로는 い는 '흰색'을 뜻하는 히로이(ひろい[白])에서, か는 딱딱함을 뜻하는 가타이(かたい[堅])에서 왔다고 보는 설 등이다.[5] 이와 더불어, 오징어는 문어에 비해 바닷물 속에서 빠르게 움직이므로 '가다'라는 의미의 行く의 변형인 行(い)か에서 왔다는 설도 있는데,[6] 이 중에서 어느 것도 정설이라 하기에는 부족한 감이 있다. 일본의 입장에서 본 오징어의 사전적 정의는 다음과 같다.

> 烏賊[いか]: 연체동물 두족강(頭足綱)에 속하며, 현생(現生)에서는 고
> 우이카(こういか, 甲烏賊)류, 쓰쓰이카(つついか, 筒烏賊)류를 총칭한다(발
> 이 10개인 오징어를 아우름). …… 보통 여덟 개의 다리 외에 두 개의 자유
> 롭게 늘어나는 촉수가 있는 발이 있다. 몸체의 뒤쪽에 지느러미가 있다.
> 그 밖에 흡착판에 자루[柄]와 각질(角質)의 고리[環]가 있다는 것이 문
> 어류와 다르다. 전부 바다에 살며 연안의 얕은 곳에서부터 수천 미터의
> 심해까지 분포한다. 누두(漏斗)*에서 물을 분사시키면서 이동하며, 적으
> 로부터 습격을 받을 때에는 먹물을 토한다. 몸체 길이는 수 센티미터부
> 터 수 미터에 달하는 것도 있다. 일본 근해에는 90종 정도 살고 있지만,
> 산업상 중요한 것은 스루메이카(するめいか, 鯣烏賊) 등의 몇 종류다.[7]

인용문에서 산업상 중요하다고 언급한 바와 같이, 일본의 오징
어 수급량은 상당한 수준이다. 2018년에 작성된 「일본 주요 수산
통계」에 따르면, 2010년 이래 포획량이 20만 톤에서 점차 줄고는
있지만 여전히 10만 톤 대를 유지하고 있다.[8]

일본에서 즐겨 먹는 오징어 요리로는 우리에게 친근한 오징어
회 및 숙회, 그리고 술안주로 먹는 통오징어 양념구이 등이 있다.

---

* 낙지나 문어 따위 외투강(外套腔) 속의 물이나 먹 같은 것을 내뿜기 위한, 깔때기
모양의 대롱.

한편 후쿠오카에서는 가와타로[河太郎]라는 이름의 오징어 활어회 정식[9]과 오징어를 넣은 만두 요리인 이카슈마이(いかしゅうまい)[10]가 있다. 참고로, 오징어는 종류에 따라 이카(いか) 앞에 수식어를 붙여 구분한다. 예를 들어 갑오징어는 '고우이카(こういか, 甲烏賊)'라고 하고, 우리가 흔히 '한치'라고 부르는 화살오징어는 야리이카(やりいか, 槍烏賊)라고 부르는 식이다.

이렇게 풍부한 생산량과 그에 따른 다양한 요리 때문인지, 일본에는 오징어와 관련된 은어나 관용어 몇 가지 있다. 그중 하나는 직역하면 '오징어를 결정한다'라는 의미의 '이카오 키메루(いかを決める)'인데, 스모 경기에서 이긴 사람이 진 자의 도전을 받아들이지 않고 곧 자리를 뜨는 것[勝ち逃げ]을 뜻한다.[11] 이 표현은 오징어가 도망칠 때 먹물을 뿜어낸 뒤 행방을 감춰버리는 속성에서 비롯되었다고 한다.[12]

오징어와 관련된 또 다른 표현으로 '이카노 코우요리 토시노 코우[烏賊の甲より年の功: 오징어의 뼈보다 연공서열]'이라는 말이 있다. 이 말은 같은 일본어 속담인 '가메노 코우요리 토시노 코우[亀の甲より年の功]'와 같은 의미의 말인 것으로 보이는데, 양쪽 모두 연장자의 풍부한 경험을 존중해야 한다는 뜻이다. 이 말은 甲과 功 모두 '코우(こう)'라고 발음되기에 이를 활용한 일종의 언어유희로 보인다.[13] 오징어의 뼈는 약재로 쓰인다고 하고,[14] 거북은 장수를 상징한다고 하므로, 각각 나름의 가치가 있다. 그러나 이러한 것들보다 연장자의 경험과 경륜이 보다 중요하다는 의미를 강조한 말인 것이다.

일본은 OECD를 포함한 세계 각국 가운데 비교적 정년이 보장된 나라로 알려져 있는데, 그런 의식이 이 말 속에 녹아 있는 듯하다. 정년을 보장하려는 이런 의식은, 급변하는 세계 정세 속에서는 일본의 발전을 가로막는 요소 중 하나로 지적된다. 그러나 정년 보장은 노후의 안정된 삶과 행복의 추구 측면에서 소홀히 할 수 없는 부분이 아닐까?

squid는 오징어, Squid는 박격포

오징어는 영어로 squid다. 『옥스퍼드영어사전』에 따르면, squid는 관사의 종류와 유무에 따라 출현 시기와 용법이 다르다. 단수 'a squid'와 복수 'squids'의 용례는 17세기부터 보인다. 반면 일반적인 용법으로 쓰이는, 정관사를 사용한 'the squid'의 용례는 19세기부터 보인다. 관사가 없으면 미끼(예를 들어 오징어를 모방해 만든 인공 미끼인 bone-squid) 혹은 식료품인 오징어를 가리킨다. 맨 앞의 철자를 대문자로 쓴 Squid는 1939년에 발발해 1945년까지 지속된 제2차 세계대전 중에 개발된, 총신이 3개 장착된 함선 탑재 대잠 박격포를 가리키는데,[15] 1947년에 첫 번째 용례가 보인다.

한편, 옥토푸시(octopush)라는 수중하키에서 공처럼 치는 고무 원반인 퍽(puck)을 squid라고 지칭하기도 한다. 이외에, 오징어는 영어로 calamary, cuttle fish, cuttlefish, pen-fish로도 부른다.

그림 6-4 오징어 박격포

calamari는 스페인어 어원 *calamar*와 이탈리아어 어원 *calamaro* 두 가지가 있는데, 후기 고전 라틴어 *calamarius*에서 유래한다. 모두 요리 재료로 사용되는 오징어 혹은 오징어 요리를 의미한다.

소설 속 대왕오징어

엄청난 크기의 대왕오징어[giant squid]는 기원전부터 기록이 남아 있으며, 현대에도 문학 작품의 소재로 활용되고 있다.

아리스토텔레스(Aristotle)의 『동물사[History of Animals; Historia animalium]』 4권 파트1에 대왕오징어[teuthus]에 관해 기술한 부분이 있다. "이른바 대왕오징어는 오징어[teuthis]보다 훨씬 크다. 길

제6장 | 오징어

이가 5.72미터*인 오징어도 발견된 적이 있다. …… 대왕오징어는 종이 많지 않으며, 모양이 오징어와 다르다. 즉, 대왕오징어는 날카로운 말단이 다른 종류보다 넓고 지느러미가 몸통 전체를 둘러싸는 반면, 오징어는 전체를 둘러싸는 것은 아니다."[16] 허먼 멜빌 (Herman Melville)의 소설 「모비딕(Moby Dick)」(1851)에서도 향유고래와 대왕오징어 간의 결투를 묘사한 부분이 등장한다.

한편, 앨프리드 테니슨 경(Lord Alfred Tennyson)의 시 「크라켄 (The Kraken)」은 '거대한 팔'을 가진 해양괴물에 관해 이야기한다.

> 벼락 치듯 요동하는 바다 밑 깊은 곳에서,
>
> 바다의 심연 아래, 깊고 깊은 곳에서,
>
> 바다 이무기는 방해도 받지 않고, 꿈도 꾸지 않고
>
> 태곳적 잠을 자고 있네. 그늘진, 그의 몸 옆으로
>
> 흐릿한 햇살이 날아가고, 그의 몸 위로
>
> 천년 묵은 거대한 해면이 크고 높게 부풀어 있네.
>
> 그리고 흐릿한 빛 속 저 멀리,
>
> 많은 신기한 동굴들과 은밀한 구멍에서는
>
> 수많은 거대한 문어들이

---

* 『동물사』의 원서를 확인할 수는 없지만, 영역본에 "길이가 5ell(five ells long)"이라는 부분이 있다. ell은 지역과 시대마다 길이가 다르다. 잉글랜드에서는 45인치이고 스코틀랜드에서는 37.2인치로, 1ell은 대략 37인치에서 48인치 사이다. 45인치로 계산하면 114.3센티미터이므로, 5ell은 5.72미터가 된다.

거대한 팔들로 잠자는 푸른 물을 흔들어놓네.

바다 이무기는 오랜 세월 거기 누워 잠자며

거대한 바다 벌레들을 잔뜩 잡아먹고 살찌다가

마지막 불에 바다가 뜨거워지면,

비로소 그때, 사람과 천사에게 모습을 드러내고,

포효하며 솟아올라 물 위에서 죽으리.[17]

[Below the thunders of the upper deep,

Far, far beneath in the abysmal sea,

His ancient, dreamless, uninvaded sleep

The Kraken sleepeth: faintest sunlights flee

About his shadowy sides; above him swell

Huge sponges of millennial growth and height;

And far away into the sickly light,

From many a wondrous grot and secret cell

Unnumbered and enormous polypi

Winnow with giant arms the slumbering green.

There hath he lain for ages, and will lie

Battening upon huge sea worms in his sleep,

Until the latter fire shall heat the deep;

Then once by man and angels to be seen,

In roaring he shall rise and on the surface die.]

번역자 윤명옥은 Kraken을 '바다 이무기'로 번역했고, polypi를 '문어'로 번역했다. 크라켄(kraken)은 노르웨이 연안에서 목격되었다고 전해지는, 신화에 등장하는 거대한 크기의 바다 괴물이다. 어원은 노르웨이어 *kraken*, *krakjen* 이며, 독일어에서 Kraken은 바다 괴물 혹은 문어를 의미한다. 덴마크의 소설가인 헨리크 폰토피단(Henrik Pontoppidan) 등이 크라켄을 "떠다니는 섬[floating island]"으로 묘사한 것도 엄청난 크기의 몸집과 관련 있다. 크라켄을 섬, 문어, 대왕오징어, 고래 등으로 다양하게 묘사한 기록들을 찾아볼 수 있다. 일반적으로 바다 깊은 곳에 살지만 바닷가에서도 목격되었고, 배를 공격했다는 보고도 있다.[18] 오징어 연구가 클라이브 로퍼(Clive Roper) 등이 대왕오징어가 전설 속의 괴물 크라켄처럼 배를 공격했을 수도 있다고 생각한 것도 같은 맥락으로 이해할 수 있다.

그림 6-5 오징어 연구가 클라이브 로퍼와 대왕오징어

대왕오징어나 크라켄이 소설이나 시의 모티브로 활용된 배경은 대왕오징어가 '죽은 채로' 해변으로 밀려왔거나 어부에게 잡혔거나 향유고래 뱃속에서 발견되었기 때문이다. 현대 과학자 어느 누구도 살아 있는 대왕오징어를 본 적이 없음에도 대왕오징어가 심해 어딘가에 살고 있다는 것은 의심의 여지 없이 사실로 받아들이고 있다.*

대왕오징어나 크라켄처럼 엄청나게 크든 아니든 간에, 기독교 성경에 따르면 오징어는 5일째에 창조된 두족류의 후손이다(창세기 1: 10-23).[19]

---

* 젓갈이나 버터구이 오징어 등으로 자주 접하는 오징어를 흔히 대왕오징어라고 부르지만, 이는 훔볼트오징어[Humboldt squid, *D. gigas*]다. 대왕오징어[Giant squid, *A. dux*]는 식용이 불가능한 것으로 알려져 있다.

제 7 장

바닷속의 투명한 달 · 해파리

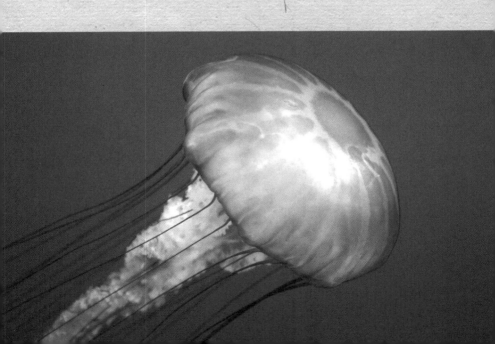

해파리는 깊은 바닷속을 자유롭게 둥둥 떠다니는 부유생물로, 우산 모양의 몸통을 가지고 있으며 아름답고 다양한 색을 자랑한다. 이런 해파리의 모습이 자유로워 보이지만, 사실 해파리는 헤엄치는 능력이 약하기 때문에 수면을 떠다니는 것이라고 한다. 해파리는 영어로 jellyfish인데 젤리 같은 투명함과 부드러움을 잘 보여주는 이름이다. 반면 우리나라에서 부르는 이름 '해파리'는 '바다에 있는 파리'로 개념화된 것이라고 한다.[1] 해파리와 파리는 생김새나 생태 등에서 공통점이 없어 보인다. 일반적으로 유사하게 인식한 대상에 동일한 명칭을 부여하는 인간의 인지능력을 고려한다면, 해파리라는 이름의 유래가 궁금해진다. 해파리는 왜 해파리일까? 지금부터 그 이름과 문화에 관해 살펴보자.

원시생물 해파리

정약전은 『자산어보』에서 해파리를 海鮀(해타), 속명은 海八魚(해팔어)라고 표기하면서, 다음과 같이 설명했다.

큰 놈은 길이가 5~6자로, 넓이 또한 길이와 같다. 머리와 꼬리가 없고 얼굴과 눈도 없다. 몸은 연하게 엉기어 연유[酥][*]와 같다.

[大者長五六尺, 廣亦如之. 無頭尾無面目. 體凝軟如酥狀.]²

위의 설명을 통해 알 수 있듯이, 해파리는 눈, 코, 입, 심장을 비롯한 신체기관이 없다. 해파리는 다세포생물 가운데 해면동물에 이어 가장 하등한 동물이다. 고등동물이 가지고 있는 호흡기관, 순환기관, 소화기관이 없어 몸 구조가 단순하다.³ 해파리는 지금으로부터 6억 년 전부터 지구상에 존재하며 바다를 헤엄치고 있던 매우 오래된 원시생물 중 하나다.

다양한 이름의 해파리

예로부터 한반도의 민중과 함께해온 수많은 생물은 일반적으로 여러 기록에 나타나는 공통된 명칭이 있고, 속명이 존재한다. 그러나 해파리는 다른 생물과 달리 기록마다 다양한 명칭으로 표기돼 있다. 이를 정리하면 다음 쪽의 표와 같다.

해파리의 한자 표기로는 『본초강목』의 예에서처럼 중국 문헌에서 표기했던 '해차(海鰤)' '수모(水母)'가 주로 사용되었는데, 『자산

---

* '연유 소(酥)' 자는 술을 가리키는 다른 이름으로, 깨끗하고 매끄러운 것의 비유로 무르고 연한 것, 특히 음식을 가리킨다.

자료	표준어	속명	우리말 표기
『본초강목』	해차(海鮾)	수모(水母), 저포어(樗蒲魚), 석경(石鏡)	
『재물보(才物譜)』	해차(海鮾)	수모(水母), 저포어(樗蒲魚), 석경(石鏡)	
『물명고』	수모(水母)		'히파리'
『자산어보』	해타(海鮀)	해팔어(海八魚)	
『임원경제지』 「전어지」	수모(水母)		물알, 히파리[海蠅魚]
『난호어목지』 「어명고」	수모(水母)		물암

어보』에서만 '해타(海鮀)'라고 표기했다. 해타는 '문절망둑 타(鮀)' 자를 사용해 '바다의 모래무지'라고 풀이된다. '타(鮀)'는 뱀을 뜻 하기도 하는데, 해파리의 길게 늘어진 촉수가 뱀처럼 보여 붙인 이름이라고 추측할 수 있다. 속명 '해팔어'는 해파리의 발음을 따 한자로 표기한 것으로 추정된다.

『난호어목지』「어명고」에는 한자 표기를 水母로 하고 '물암'이라 고 우리말 표기를 덧붙였는데, 해파리의 다양한 이름에 관해 다음 과 같이 기록했다.

광동 사람들은 수모(水母)라고 하고 복건 사람들은 해차(海蛇)라고 한다. 『이원(異苑)』에서는 석경(石鏡)이라 하였고, 『본초습유(本草拾遺)』

에서는 저포어(樗蒲魚)라고 하였으며, 『우항잡록(雨航雜錄)』에서는 사항(蜡枕)이라고 하였다. 세간에서는 해철(海蜇)이라고 부른다. 그 모양이 마구 뒤섞여 한데 엉키어 있고 사발을 뒤집어놓은 것 같은데, 자줏빛 나는 붉은색이고 구멍이 없고 발이 없다. 배의 아래에 혹이 달렸는데 풀솜을 매달아놓은 것 같고 새우들이 붙어서 바람에 날리듯이 잠겼다 떴다 한다. 조수에 휩싸이게 되면 새우들이 떨어져 나가서 해차는 다닐 수가 없다. 소위 수모(水母)라고 하는 것은 새우를 눈으로 삼기 때문이다.

그림 7-1 1607년에 중국 명나라 왕기가 편찬한 백과사전 『삼재도회(三才圖會)』에 수록된 해파리[水母]의 삽화와 설명

[廣人謂之水母, 閩人謂之海蛇『異苑』謂之石鏡, 『本草拾遺』謂之樗蒲魚, 『雨航雜錄』又云, 蜡枕, 俗呼爲海蜇, 其形混沌擬結, 形如覆盂, 色紫赤, 無●無足. 腹下有贅疣如懸絮, 羣蝦附之, 浮沈如飛, 爲潮所擁, 則蝦去而●不得行. 所謂水母, 以蝦爲目是也.][4]

서유구는 『난호어목지』 「어명고」에는 해파리를 한글로 '물암'으로 기록했으나, 후일 펴낸 『임원경제지』 「전어지」에는 '물알'이라고 쳐서 기록했다. 물알은 '아직 덜 여물어서 물기가 많고 말랑한

곡식알'을 가리키는데, 해파리의 몸이 물렁물렁함을 나타낸다.

해파리와 관련된 많지 않은 속담 중 하나가 '어장이 안 되려면 해파리만 끓는다.'이다. 바다에 물고기는 없고 해파리만 들끓으면 어부들의 생업이 곤란해진다. 즉, 손님은 들어오지 않고 부피만 크고 이익이 안 되는 집단만 들어와 가게의 영업이 잘 되지 않는 상황을 비유한다. 해마다 수온이 높아지면 실제 근해에 해파리가 너무 많아져 어민도, 해수욕객도 피해를 입는 상황이 발생하는 지금은, 이 속담이 그저 비유가 아니라 실제 상황에 대한 묘사로 느껴진다.

해파리의 눈은 새우?

중국어로 해파리는 '수이무[水母]'라고 하는데, 그중 식용이 가능한 해파리류를 '하이저[海蜇]'라고 부른다.[5] 우선 '수이무[水母]'라는 명칭은 몸의 95퍼센트 이상이 수분으로 구성되어 있는 해파리의 형태를 표현하고 있다. 하이저[海蜇]의 저[蜇]는 '쏘다'라는 의미를 가지고 있는데, 해파리가 촉수에 독침(촉수의 자세포)을 가지고 있어 다른 생물이나 사람에게 쏠 수 있는 특징을 나타낸다.

진(晉)나라의 학자 장화(張華)는 해파리에 관해 『박물지(博物志)』에 이렇게 기록했다.

동해에 (한) 생물이 있는데, 그 형상이 굳은 피 같다. 무리를 지어 나타나는데, 머리(뇌)가 없고, 눈도 없으며, 내장도 없다. 많은 새우가 붙어 있으며, 새우와 함께 동쪽으로 표류한다. 사람들은 이것을 삶아서 먹는다.

[東海有物, 狀如凝血, 衆庵數尺周圍, 無頭, 無眼, 無內臟, 衆蝦附言, 隨其東古, 人煮食之.]

청나라의 화가이자 동물애호가인 섭황(聶璜)은 『해착도(海錯圖)』*에서 해파리를 다음과 같이 묘사했다.

매년 봄과 여름의 환절기인 4월 초파일에 하늘에서 비가 내릴 때, 큰 비가 물거품을 만들어내고 그것이 변해서 작은 해파리가 된다. 또 이 작은 해파리는 몇 달 후에 크게 자라나 건조해서 먹으면 졸깃하고 맛이 좋다.

[每年春夏之交的四月初八, 天上落雨, 大雨砸出的水泡, 就變成了小水母, 小水母過幾個月, 就會長大, 曬乾后薄脆而美, 可食.]

해파리와 관련된 중국어 표현 중 재미있는 것은 단연 헐후어(歇後語)다.

'라오포포츠하이저[老婆婆吃海蜇]'는 저장성에서 전하는 말로, 이를 직역하면 '나이 든 할머니가 해파리를 먹는다.'이지만 그 속뜻은 '입으로만 중얼중얼 말이 많고 실제 행동으로 옮기지 못

---

* 섭황이 약 300종의 동물을 그리고 관찰하거나 들은 이야기를 글로 덧붙인 삽화집.

제7장 | 해파리

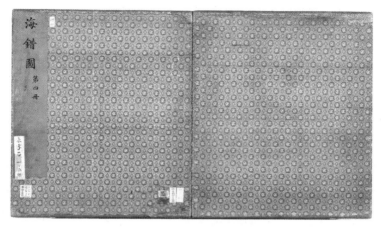

한다.'이다. 노인들은 이가 좋지 않기 때문에 해파리 채를 마음껏 씹어 먹을 수가 없고, 잇몸으로 천천히 씹어야 한다. 즉, 해파리 채를 씹을 때 나는 특유의 소리 때문에 이런 말이 생겨났다.

이외에도 직역하면 '해파리는 새우를 (자신의) 눈으로 여긴다.'라는 뜻의 '하이저샤당옌[海蜇蝦當眼]'의 실제 뜻은 '다른 사람에게 기대다(의지하다)'이다. '하이저샤당옌[海蜇蝦當眼]'과 유사한 표현은 중국 동한(東漢) 시기의 역사서인 『월절서(越絶書)』에서도 찾아볼 수 있는데, 해당 서적에는 "해파리의 눈은 새우, 남방 사람들이 그것을 즐겨 먹는다[水母目蝦, 南人好食之]."라는 문장이 있다. 실제 해파리를 살펴보면 이런 말이 생겨난 근원을 알 수 있는데, 해파리 표면에는 닭새우나 부채새우가 종종 붙어 있기 때문이다.[6] 그런데 이 두 생물의 관계는 공생이 아니라 새우류가 일방적으로 해파리를 이용하는 것이다. 즉 새우들은 해파리를 타고 이동하거나 해파리를 뜯어 먹기 위해 붙어 있다. 그럼에도 사람들은 해파리가 눈이 없기 때문에 새우가 올라타 해파리의 눈을 대신해준다고 생각했다. 예로부터 사람들은 해파리에 새우 따위의 생물이 붙어 있는 것을 발견했고, 이를 의인화하여 표현한 것으로 보인다.

중국 랴오닝성[遼寧省] 남부에 위치한 잉커우[營口]라는 도시에서는 매년 하이저제[海蜇節: 해파리 축제]가 열린다. 이곳은 중국 전국의 해파리 생산·판매량의 80퍼센트를 차지하는 곳으로, "중궈하이저즈샹[中国海蜇之鄉: 중국 해파리의 고향]"이라 불린다. 이 도시는 '하이저징지[海蜇經濟: 해파리 경제]'에 좌지우지되는데, 해파리 수확으로 생기는 경제 효과 때문이다.

말도 안 되는 사건의 비유, 해파리의 뼈

일본에서는 해파리를 구라게(くらげ)라고 부르고 한자로는 水母나 海月로 표현한다. 중국에서도 해파리를 水母로 쓴다는 점에서 볼 때, 水母는 중국으로부터 수용된 단어로 추정된다.

해파리는 투명한 연체동물로서, 종류마다 다양한 빛깔을 지녔다. 독특한 형태와 빛깔이 신비로운 느낌을 주므로 일본 대도시 곳곳에 있는 아쿠아리움(aquarium)의 인기 어종이다. 다만 최

근 기사를 보면 중국 연안에서 발견되었던 대형 해파리 떼가 일본 바다에 출몰하여 피서객을 위협하거나 어망 및 어획물에 피해를 주었다고 하는데, 이에 일본 정부는 해파리 떼 출몰에 대한 대책을 고민하고 있는 듯하다. 한편, 일본에서 부르는 해파리의 이름 구라게(くらげ)의 어원에 관해서는 위키백과(일본판)에 다음과 같은 설명이 있어 이해에 도움을 준다.

> クラゲ(くらげ)의 어원에 관해서는 눈[目]이 없는 것처럼 보이는 것으로 인해 暗氣*에서 유래한다는 설, 혹은 둥글게 들어가는 것[輪笥]에서 유래한다는 설 등 여러 설이 있다. 海月이나 水月은 바닷속 혹은 물속의 달처럼 보인다는 의미인데, 水母의 유래에 관해서는 잘 알려져 있지 않다. 일본에서 해파리는 예로부터 뼈가 없는 생물의 대표격으로 취급되었다. 『미쿠라노소시[枕草子]』**에는 나카노곤 다카이에[中納言隆家]가 본 적 없는 부채의 뼈대를 특이하다고 칭찬하는 것에 대해, 언니인 세이 쇼나곤[清少納言]이 "그렇다면 해파리의 뼈랑 같군."이라고 하면서 냉소적으로 말하는 장면이 있다. 드문 일 혹은 말도 안 되는 사건이나 사물의 비유로서 '해파리의 뼈[구라게노 호네水母の骨]'라는 말을 쓴다.[7]

---

* 일본어 발음으로 구라키(くらき) 혹은 구라케(くらけ)가 된다.
** 헤이안시대[平安時代, 794~1185]의 여성 세이 쇼나곤[清少納言]의 수필. 당시 궁정 사회를 엿볼 수 있는 중요한 작품으로 평가받는다.

해파리는 일본 설화에도 등장한다. 용왕의 딸이 병에 걸리자 거북은 약으로 쓰기 위해 원숭이의 간을 구하고자 하여 원숭이를 속인다. 원숭이는 사실을 안 뒤 목숨을 구하기 위해 자신의 간을 육지에 두었다고 거짓말을 해서 살아날 수 있었다. 이 이야기는 등장하는 동물만 다를 뿐 우리의 전래동화인 '토끼의 간'과 유사하다.[8] 이 이야기에서 해파리는 용궁을 지키는 수문장 역할을 한다. 그런데 원숭이가 자신이 속은 것을 알아차리는 데 결정적인 역할을 한 것은 해파리였으니, 그 사실을 발설한 범인이 바로 해파리였던 것이다. 이를 알게 된 용왕은 입을 함부로 놀렸던 죄를 물어 해파리 몸의 뼈를 모두 없앴다고 한다.

한국과 일본의 이러한 이야기는 모두 부처의 본생담(本生談: 부처님의 전생을 엮은 이야기)에서 유래한 것으로서, 이와 같은 이야기가 각 나라에 수용되고 토착화되면서 나름의 변형이 생긴 것으로 파악된다.[9] 또한 용궁을 지키는 수문장으로 해파리를 등장시킨 것은 일본적인 변형으로 보이는데, 해파리에 뼈가 없는 점을 포착해 그 나름의 이유를 설명하려 한 특유의 관찰력이 흥미롭다.

한편, 일본에서 사용되는 단어나 관용구에서 보이는 해파리의 이미지는 다소 부정적이다. 예컨대 くらげ(구라게)라는 단어 풀이 자체에 '근골(筋骨)이 발달되지 못한 사람을 비유한 말'이라고 한다거나 '줏대가 없는 사람을 비유한다.'고 한 것이 그것이다. 이런 풀이는 다분히 해파리 자체가 형체상 힘없이 흐물거리며 움직임 역시 이리 갔다 저리 갔다 하는 데에서 기인한 것으로 추정

제7장 | 해파리

된다.

아울러 인용문의 하단에 나오는 바와 같이 해파리와 관련된 말로는 구라게노 호네[水母の骨]라는 말이 있는데, 있을 수 없는 일이나 진귀한 것을 비유할 때 사용된다. 이 역시 해파리가 연체동물인 데서 비롯된 표현임은 물론이다.

그럼에도 불구하고, 해파리 하면 '해파리 냉채'를 떠올릴 정도로 한중일 모두 식용 해파리를 재료로 하여 다양한 요리를 즐기고 있다. 일본의 경우에는 '우니쿠라게[雲丹水母, うにくらげ]'라는 해파리와 성게 알을 무친 요리가 있으며,[10] 해파리를 초밥 위에 얹는 해파리 초밥[11]도 있어 미식가들의 입맛을 사로잡고 있다.

젤리, 거품, 고래 지방 그리고 해파리

해파리는 영어로 jellyfish, sea jelly, sea blubber 등 여러 가지로 불린다. 18세기 초 생물학자 윌리엄 퍼넬(William Funnell)은 약 35.6센티미터(14인치) 길이에 매우 날카로운 이빨을 가지고 있으며 작은 반점이 없는 부분이 완전한 녹색 젤리*인 종류를 'Jelly Fish'라고 명명했다.[12] 그러나 〈그림 7-3〉에서 알 수 있듯이, 그것은

---

* The Jelly-fish was about fourteen inches long ⋯ with a very sharp set of teeth ⋯ That part of him which is without small spots, is a perfect green jelly, whence he was called by us a Jelly-fish.

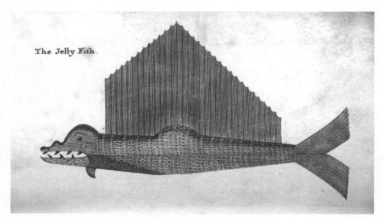
그림 7-3 윌리엄 퍼넬이 묘사한 Jelly Fish

해파리가 아닌 돛새치[sailfish] 혹은 청새치[marlin]처럼 보이며, 크기로 보아 퍼넬이 본 것은 새끼였음에 틀림없다.

jellyfish는 젤라틴 분자 구조로 된 다양한 종류의 해파리를 가리키는 일반적인 명칭이다. "시카고는 멋지다. …… 잿더미에서의 놀랄 만한 부활과 엄청난 에너지는 나의 해파리 같은 나약한 성격을 두렵게 한다[Chicago is nearly terrific. …… Its astonishing resurrection from its ashes and its tremendous energy terrify jelly-fishes like myself]."[13]라는 예문에서 알 수 있듯이, 영어에서 해파리는 비유적 용법으로 '나약한 성격', 즉 '활기나 확고부동함, 근성이 부족한 사람'을 가리키기도 한다.

blubber는 15세기와 16세기에는 '거품이 일거나 끓는 바다' '물 위의 거품' 또는 '공기 방울'이라는 의미로 사용되다가 지금은 잘 사용되지 않으며, 17세기에 들어 해파리 혹은 '고래목[Cetacea] 동물의 지방'을 가리키는 의미로 사용되기 시작했다. 젤리, 거품, 공기 방울과 해파리 그리고 고래 지방까지, 이들 간에 연상이 가능하리라 생각한다.

해파리의 독성과 신화

고대 신화에는 독거미 같은 독성 생물에 관한 정보 혹은 증거 부족으로 인한 본질적인 두려움이 반영되어 있다. 해파리도 그런 생물 중 하나다. 상자해파리[box jellyfish, *Chironex fleckeri*]는 모양이 우산 혹은 상자와 비슷하여 붙여진 이름인데, 세계에서 가장 치명적인 독이 있는 생물 중의 하나로 간주되며, 이 독에 쏘이면 치사율이 15~20퍼센트에 이른다는 보고가 있다.[14]

메두사(Medusa, Μέδουσα)는 그리스 신화 속 고르곤 세 자매 중 하나로, 빼어난 미모에 특히 머리카락이 아름다운 여인으로 많은 남성에게 구혼을 받았다. 그녀가 포세이돈과 연인 관계가 된 후 아테나의 신전에서 사랑을 나누었기 때문에, 아테나는 메두사의 머리카락 한 올 한 올을 살아 있는 독사로 만들어 흉측한 괴물로 변하게 했다. 뿐만 아니라 메두사와 눈이 마주친 사람들은 그 자리에서 바로 돌로 변하게 만들었다고 한다. 이 때문에 메두사는 무섭거나 못생긴 여성을 가리키는 표현이기도 하다.

한편, 18세기 문헌부터 메두사는 해파리를 가리키는 단어로 사

그림 7-4 메두사 머리 문양의 모자이크 바닥

용되기도 했다.* 『옥스퍼드영어사전』은 뱀처럼 구불거리는 머리카락이 있는 머리라는 유사성에 기인해 그리스 신화 속의 메두사에서 해파리를 명명하게 되었다고 봤다.

해파리의 형태 변화는 크게 알[egg] → 플라누라 유생[planula] → 폴립(polyp) → 스트로빌라(strobila) → 에피라(ephyra) → 메두사(medusa)로 이어진다. 알에서 수정이 되면 이동성이 있는 플라누라 유생이 되고, 적정한 환경을 찾아 유영하여 부착한 후 폴립 상태로 변태한다. 이 상태가 되면 여러 개의 촉수를 사용해 플랑

---

* "해파리의 몸은 원통형이다[The body of the Medusa is of an orbiculated figure]."[15]

제7장 | 해파리

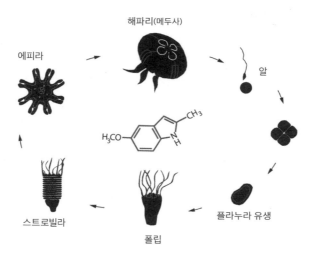

그림 7-5 해파리의 변태

크톤을 잡아먹으며 무성생식을 하는데, 아래쪽에서 새로운 싹이
나와 새로운 개체로 생성되며 새로운 폴립이 수백 개까지 만들어
지다 좋은 환경이 되면 코스모스 꽃잎 모양의 스트로빌라가 된다.
차곡차곡 쌓인 꽃잎들이 떨어져 에피라가 되고, 다시 변태해 우리
가 흔히 볼 수 있는 해파리의 성체인 메두사가 된다.[16] 이외에, 메
두사피시(medusafish)는 샛돔과[Centrolophidae] 물고기의 일종으로
온대 및 아열대 해양에 서식하는데, 그 새끼가 해파리와 공생한다
고 알려져 있다. 이 명칭에서도 메두사와 해파리의 관련성을 엿볼
수 있다.

제 8 장

옆으로 기어도 장원급제의 상징 · 게

"니들이 게 맛을 알어?" 오래전 한 광고에서 쓰여 현재까지 회자되는 한마디다. 이처럼 게는 부드럽고 담백한 맛으로 남녀노소 누구에게나 사랑받는 대표적인 갑각류 동물이다. 서해안의 꽃게, 동해안의 대게와 홍게, 예로부터 민물에서 잡혀 친숙한 참게 등 광범위한 환경에서 서식하는 만큼 그 종류도 다양하다. 뿐만 아니라 우리 일상 언어에서 게거품, 게걸음 등 비유적 표현으로도 등장한다. 이제, 게와 인간이 쌓아온 역사를 언어 속에서 좀 더 상세히 살펴보자.

예로부터 인기 있었던 게 맛

옛 문헌에서는 게를 한자 '蟹(해)'로 표기했다. 현재 명칭인 '게'는 15세기 문헌에서 처음 나타나 그대로 이어지고 있으며 지역에 따라 거이(강원, 경기, 충남), 고이(강원, 경기), 그이(강원, 경기, 충청), 기(강원, 경상, 전라, 충북), 괴(경기, 충남), 궤(경기), 귀에(경기, 경북, 충남), 기에(경기), 께(경남), 끼(경남), 귀(경상, 전북, 충남), 께이(전라), 껭

이(전라), 경이(제주), 게이(제주), 겡이(제주), 긍이(제주), 깅이(제주), 패(충남) 등으로 부른다.

정약전은 『자산어보』에서 게를 한자 蟹로 표기하며 다음과 같이 설명했다.

> 『이아익』에 이르길, 게는 발이 여덟 개이고, 집게발이 둘이고, 여덟 개의 다리를 꺾어 얼굴을 숙이기에 이를 궤(跪)라고 말한다. 두 집게발을 굽혀 얼굴을 들므로 궤(跪)라 이른다.
>
> [爾雅翼云蟹八跪而二螯八足折而容俯故謂之跪 兩螯倨而容仰故爲跪.][1]

정약전이 게의 생김새를 묘사하며 사용한 궤(跪)는 '꿇어앉다'를 가리키는 한자다. 게의 꺾인 집게발이 땅을 짚고 있는 모습이 마치 사람이 두 손을 바닥에 짚고 꿇어앉아 머리를 숙이고 있는 모습과 같아 사용한 한자인데, 그 발음 또한 '게'와 비슷하다.

게는 예로부터 맛으로 사랑을 받았다. 이러한 사실은 고려시대 문신 이규보(李奎報, 1168~1241)의 시 「식증해(食蒸蟹)」(『東國李相國全集』 권7)를 통해 확인할 수 있다. 시의 일부를 살펴보자.

강마을 아이들 크고 살진 게를 보내왔는데	江童餉我蠏蛑肥
큰 딱지 둥근 배가 모두 암컷이로구나	厴大臍團多是雌
벼 까끄라기 동해신에게 이제 보냈으니	東海輸芒今已了
뒷다리 차츰 넓어 노만큼 커졌도다	後脚差濶眞撥棹

평생에 글을 읽었기에 쓰르라미와 방게는 구별하니	平生讀書辨螃蟹
옛날에 사도가 삶은 것 아니로다	定非司徒舊所烹
삶아서 단단한 붉은 껍질 깨어서 보니	烹來剖破硬紅甲
노란 자위와 푸른 즙이 반쯤 들었구나	半殼黃膏雜靑汁

시 제목 식증해(食蒸蟹)는 '찐 게를 먹으며'로 풀이할 수 있다. 게는 민물과 바다에 모두 있는데, 민물에 사는 게는 아이도 잡을 수 있다. 즉, 이규보가 강마을 아이들에게 받은 추모(蝤蛑)는 바로 민물에 사는 게를 가리킨다. 이규보는 뱃속에 가득한 노랗고 푸른 게장을 먹을 수 있어서 암게를 더 좋아했다.[2] 게에 대한 생생한 묘사로 인해 화자가 얼마나 게를 좋아했는지 엿볼 수 있으며, 예로부터 알이 꽉 찬 게의 인기가 높았음을 짐작할 수 있다.

장원급제의 부적, 게

조선 후기의 화가 이한철(李漢喆, 1812~1893)의 작품 〈해도(蟹圖)〉는 수풀 사이를 지나는 게 네 마리를 그린 것이다. 먹의 농담(濃淡) 변화를 통해 게를 입체적으로 표현했는데, 특히 활짝 벌어진 다리의 묘사가 게가 모래 위를 기어가고 있는 듯 생생하다. 그런데 무리지어 가는 다른 게와 달리, 한 마리는 무리에서 뒤처져 있다. 자세히 보니 하얀 배딱지가 정면에 보이도록 뒤집어진 게의 모습을 표현한 것이다.

이렇게 뒤집어진 게는 장원급제, 입신출세를 뜻한다. 딱딱한 게의 등껍데기를 뜻하는 단어 등갑(등甲)을 거꾸로 하면 1등을 의미하는 갑등(甲等)이 된다. 즉 해음(諧音)*을 이용한 언어유희를 그림으로 나타낸 것이다. 이처럼 장원급제를 상징하는 뒤집어진 게의 그림은 시험을 앞둔 이에게 주는 선물로 활용되었다.

게는 한국 사람들에게 익숙한 갑각류인 만큼 일상 언어에서 관용구로, 속담으로 다양하게 활용된다.

게의 습성에서 비롯된 대표적인 관용구로 '게거품을 물다'가 있다. '게거품' '게거품을 물다'는 몹시 흥분하거나 화를 내며 말하는 사람이나 그 행동을 비유하는 표현인데, 이는 게의 호흡 습성에서 비롯된 말이다. 게는 물속에서 물을 빨아들이면서 산소를 마시고 물은 다시 내뱉는 방식으로 호흡한다. 그런데 물 밖으로 나오면 빨아들일 물이 없기 때문에 입에서 거품을 뿜는 것

그림 8-1 이한철의 〈해도〉

---

* 해음(諧音)은 한자 문화권에서 나타나는 언어 현상의 하나로, 한 단어가 뜻이 다른 단어와 소리가 같거나 비슷해서 다른 단어의 이미지를 연상시키는 언어유희다. 예컨대 한자 문화권에서 숫자 4는 '죽을 사(死)'와 소리가 같아 죽음을 연상시켜 기피하는 숫자가 되었는데, 이는 해음 때문이다.

이다.

음식을 빨리 먹어 치우는 모습을 비유적으로 말하는 '(마파람에) 게 눈 감추듯 (하다)' 또한 게의 습성을 빗댄 표현이다. 마파람은 뱃사람의 은어로 '남풍(南風)'을 말하는데, 남쪽에서 바람이 불어오면 비가 오기 때문에 게는 구멍으로 빠르게 들어가 몸을 숨긴다.

그 밖에도, 분수에 지나치면 도리어 화를 당하게 됨을 뜻하는 '게도 구멍이 크면 죽는다', 아무리 해도 쓸데없는 짓을 이르는 '게 등에 소금 치기', 본성이 흉악한 사람은 어려서부터 그 본성이 보인다는 뜻의 '게 새끼는 집고 고양이 새끼는 할퀸다', 무엇이나 그 본래의 성질을 아주 뜯어고치지는 못한다는 뜻을 가진 '게를 똑바로 기어가게 할 수는 없다' 등이 게와 관련된 관용어다.

옆으로 움직이기에 '팡셰[螃蟹]'

게는 중국어로 '셰[蟹]'다. 蟹는 형성자로, 한자의 구성을 살펴보면 '벌레 충(虫)'이 의미를 나타내고, '풀 해(解)'가 소리를 나타낸다. 갑각류 절지동물인 게는, 사람이 그 살을 먹으려면 모든 뼈를 해체해야 하는 해산물이라는 의미에서 이름에 解가 들어 있다.[3] 또 게를 속칭으로 '팡셰[螃蟹]'라고 부르기도 하는데, '방게 방(螃)' 자에서 旁은 '옆, 측면'의 의미를 가지므로 옆으로 움직이는 게의 모습이 형상화된다.

중국에서 게는 같은 갑각류인 새우와 함께 사자성어를 이루는 경우가 많다. 먼저, 샤빙셰장[蝦兵蟹將]은 직역하면 '새우와 게로 구성된 군대'인데, 이는 고대 신화나 소설 속의 용왕이 통솔하던 군사를 가리킨다. 비록 용왕의 군대이기는 하나 작은 새우와 옆으로 기는 게다. 오합지졸의 보잘것없는 부대를 뜻하거나, 상대방의 부하나 장병을 멸시하며 부르는 데 쓰이는 말이다.

게와 새우가 함께 등장하는 또 다른 성어는 샤황셰루안[蝦荒蟹亂]이다. 새우를 뜻하는 샤[蝦]와 게를 뜻하는 셰[蟹] 외의 나머지 두 글자 황[荒]과 루안[亂]은 둘 다 '어지럽다' '혼란하다'의 의미를 가졌다. 양쯔강[揚子江] 이남 지역에서는 때에 따라 새우나 게가 다량 번식하여 작물에 해를 끼칠 수 있었는데, 이런 일이 어떤 난리가 발생할 조짐으로 보일 수 있어서 생긴 표현이다. 따라서 '전란의 징조'라는 의미를 갖는다.

찬지셰쾅[蠶績蟹匡]이라는 표현도 있다. 찬[蠶: 누에]을 기를 때 필요한 광주리는 셰쾅[蟹匡: 게딱지]과 비슷하게 생겼지만 사실상 둘은 서로 아무런 관계가 없다. 따라서 '두 대상이 서로 관계없음'을 나타내는 말로 쓰인다.

한국어에서 참게, 홍게, 털게, 꽃게 등 게 앞에 특성을 나타내는 수식어를 붙여 다양한 게의 종류를 표현하는 것처럼, 중국어에서도 셰[蟹] 앞에 다른 단어를 넣어 다양한 종류의 게 또는 게와 유사한 다른 생물의 명칭을 만든다. 예를 들어 바다와 가까운 강 하구에 서식하는 민물게는 '강 하(河)'자를 붙인 '허셰[河蟹]'이고, 보통 바위나 돌 밑에서 사는 가재는 '돌 석(石)' 자를 붙여서 '스셰[石

제8장 | 게

蟹]'라고 한다. 가재는 게와 새우의 중간 모양을 가졌지만 중국에서는 게와 유사한 동물로 본 것이다. 더욱 재미있는 표현은 킹크랩 (king crab)을 가리키는 단어다. 영어로는 왕[king]으로 표현되었는데, 중국어에서는 셰[蟹] 앞에 '제왕(帝王)'이라는 표현을 붙여 '디왕셰[帝王蟹]'라고 한다. 우리나라에서는 외래어를 그대로 사용하지만 중국은 그 뜻만 살려 자국어로 표현한다.

게와 관련된 표현 중 재미있는 것은 게 속에 들어 있는 알과 게의 살을 가리키는 단어다. 암게의 배에 가득한 노란 알은 그 색깔을 그대로 반영해 '셰황[蟹黄]'이라고 한다. 또 게살은 '고기 육(肉)' 자를 써서 '셰러우[蟹肉]'라고 표현한다.

중국어에는 게를 재료로 하는 흥미로운 요리가 있는데, 남송시대 맹원로(孟元老)가 『동경몽화록(東京夢華錄)』에 기록한 '시서우셰[洗手蟹]'다. 이는 생 게를 뜯어서 조미료를 넣어 바로 먹는 음식이라고 한다. 여기에서 '시서우[洗手]'는 '손을 씻다'라는 의미인데, 생 게를 먹기 때문에 다른 요리에 비하면 마치 손을 씻는 일처럼 매우 간단하게 만들 수 있다는 의미로 붙은 이름이다.

송나라 고사손(高似孫)이 쓴 『해략(蟹略)』에는 생으로 먹는 송나라 때의 게 요리에 관해 더욱 자세하게 기술되어 있는데, 그에 따르면 당시 생으로 먹는 게를 '셰성[蟹生]'이라 불렀으며, 두 가지 식용법이 있다. 그중 하나는 생 게를 술에 담가 먹는 '주포셰성[酒潑蟹生]'이라는 요리로, 이 이름을 직역하면 '술을 부은 생 게'다. 또 한 가지 방법이 생 게에 조미료를 넣어 바로 먹는 '시서우셰[洗

手蟹]'로,[4] 맹원로가 기록한 것과 같다. 술에 담근 게는 현재 중국
장쑤성[江蘇省]에서 유명한 요리다.

해음 때문에 더 좋아하는 게

게는 예술 작품의 소재로도 자주 활용되었다. 명나라 화가 심
주(沈周)의 수묵화 작품 가운데 〈곽색도(郭索圖)〉에는 게가 수초와
함께 그려져 있다. 또, 명말청초의 문인화가 부산(傅山)의 〈노탕추
해도(蘆蕩秋蟹圖)〉라는 작품도 있는데, '갈대밭의 가을 게'라는 뜻
이다.

중국 현대 화조화(花鳥畵) 화가
인 왕설도[王雪濤, 1903~1982]가 그
린 수묵화 작품 〈국화가 노랗게 피
고, 게는 살이 오르는 때[菊花黃時
蟹正肥]〉에도 게가 등장하는데, 노
란 국화와 붉은 게가 함께 그려져
있다.

게가 그려진 작품들은 대부분
가을을 배경으로 정경을 표현한다.
이 시기는 게가 살이 오르는 계
절이기도 하다. 특히 국화가 그려
진 그림의 경우 '허셰화카이[和諧

그림 8-2 심주의 〈곽색도〉

花開]'라는 의미를 전달하는데, 이를 직역하면 '조화롭게 꽃이 피었다.'이다. 수확의 시기인 가을에 모든 것이 조화롭게 어우러지고 풍성해지기를 기원하는 것이리라 생각된다. 그런데 '허셰화카이[和諧花開]'와 게는 어떤 관련이 있을까? 앞서 민물게를 가리키는 중국어가 허셰[河蟹]라고 했는데, 이 '허셰'와 조화로움을 표현하는 단어인 허셰[和諧]의 발음이 같다. 중국 사람들은 이런 해음(諧音)을 사용하기를 즐긴다.

중국 사람들은 발음에 따라 선호하거나 꺼리는 물건(음식 등)이 있는데, 이 역시 해음 때문이다. 특정 발음에 해당하는 물건(음식 등)이 좋은 의미를 담은 대상인가 그렇지 않은가에 따라 선호도가 달라지는 것이다. 중국 사람들은 선물을 할 때에도 이러한 점을 주의한다. 예를 들어 '리[梨: 배(과일)]'는 중국어에서 '리[離: 헤어지다]'와 발음이 같아서 선물하기를 꺼린다. 반대로 '셰[蟹: 게]'는 '셰[謝: 감사하다]'와 발음이 같은데, 이 때문에 감사의 마음을 담은 선물로 게가 선호된다.

게는 구멍을 파도 분수에 맞게 판다

일본에서는 게를 '가니(かに)'라고 부르고 한자로는 蟹(게 해)를 쓴다. 중국에서도 게를 蟹로 쓴다는 점에서, 한자 표기인 蟹는 중국으로부터 수용한 것으로 추정된다.

게와 관련한 숙어로는 '가니노 아나하이리[蟹の穴這入り]'와 '가니와 코우라니 니세테 아나오 호루[蟹は甲羅に似せて穴を掘る]'가 있다. '가니노 아나하이리[蟹の穴這入り]'는 게가 게 구멍으로 도망쳐 들어간다는 의미로, 어떠한 상황에서 허둥대는 것을 비유한 말이다. '가니와 코우라니 니세테 아나오 호루[蟹は甲羅に似せて穴を掘る]'는 게는 구멍을 파도 자기의 몸 크기만큼 판다는 말로서, 사람은 자신의 분수에 맞는 수준에서 말하거나 행동한다는 뜻이다. 이 두 표현 모두 게가 구멍을 파는 것과 관련 있는데, 일본인의 눈에 게가 구멍을 파고 들어가 숨는 것이 인상적이었던 듯하다. 게가 자신의 생존을 위해 구멍을 팔 때 딱 자신의 몸 크기에 맞게 파는 것을 보면서, 삶을 살아가는 데 있어 자신의 처지나 그릇에 맞게 살아야 한다는 교훈을 깨달은 것이 아닐까?

두루 알려지다시피, 일본의 경우 여타 나라에 비해 자식에게 집안의 가업을 승계하는 경우가 많은 편이며, 그 배경에는 일본 근세 시기까지 존재했던 엄격한 신분 제도 및 기술을 가진 사람들을 존중하는 문화도 있다. 그러나 이에 더해 직업적인 측면에서 입신양명(立身揚名)과 같은 과한 욕심을 버리고, 자신의 가문이나 자기 자신이 부여받은 소명을 지킨다는 감각도 있는 것으로 보인다. 이렇게 볼 때 '게는 구멍을 파도 게딱지처럼 판다.'는 말은 일본 사람들 특유의 직업적 소명에 대한 신념과도 어울리는 말이라고 생각된다.

일본의 입장에서 본 게의 사전적 정의는 다음과 같다.

蟹[かに]: 갑각강(甲殼綱) 단미류(短尾類)의 총칭. 새우나 소라게류와 같이 두뇌부(頭腦部)와 복부(腹部)로 이루어졌는데, 복부는 축소되고 근육도 퇴화되었다. 흉각(胸脚)은 다섯 대(對), 제1흉각은 집게가 되어 섭취, 방어, 공격 등의 역할을 한다. 복부는 보통 수컷은 폭이 좁고, 암컷은 넓다. 알은 암컷의 복부에 부착된 채 발육하고, '조에아'기(期)에 부화, '메갈로파'기를 거쳐 성체가 된다. 한대(寒帶)부터 열대(熱帶)까지 폭넓게 분포하지만, 대륙붕, 암초, 산호초에 사는 종이 특히 많다. '거미게[たかあしがに]'는 세계에서 가장 큰 게로서, 집게를 펼치면 2~3미터에 이르며 일본의 특산종이다. …… 꽃게[がざみ], 바다참게[ずわいがに], 털게[けがに] 등 수산자원으로서 중요한 종류도 많다.[5]

일본에는 '원숭이와 게의 싸움[さるかに合戰]'이라는 전래동화가 있다. 이야기는 주먹밥을 들고 가는 게에게 원숭이가 자신이 가진 감 씨와 교환하자고 요청하는 데에서 시작된다. 게가 그렇게 바꾼 감 씨를 심어서 잘 자라난 감나무에 감이 달린다. 나무에 오를 수 없는 게는 원숭이에게 감을 따 달라고 하는데, 원숭이는 나무에 올라서 덜 익은 감을 따서는 게의 등딱지를 향해 던지고 그것에 맞은 게는 죽게 된다. 이 사실을 알게 된 알밤, 말벌, 절구는 각각 원숭이 집에 숨어 기다리다 돌아온 원숭이를 공격해 게의 죽음에 복수를 한다.[6]

이 이야기는 근대 소설의 소재가 되거나* 관련된 내용이 만화

* 예를 들면, https://www.aozora.gr.jp/cards/000879/files/140_15196.html.

영화로 제작되는* 등 일본의
대중문화 안에서 다양하게
응용되어왔다. 배은망덕에 대
한 분노와 인과응보의 귀결
을 바탕으로 한 스토리가 공
감을 불러일으켰던 것으로 보
인다. 우리나라의 설화 자료
집에도 '게와 원숭이의 떡 다
툼'이라는 이야기가 있는데,
최근의 연구를 통해 일본의

그림 8-3 피겨로도 제작되는 작고 귀여운 게, 사와가니

민담이 일본 통치기에 우리나라에 유입된 것이라는 주장이 제기
된 바 있다.[7]

일본은 이른바 피겨(figure)의 나라답게 게를 가지고도 피겨
제품을 만들고 있다. NTC라는 약자로 불리는 'Nature Techni
Colour'는 귀여운 마스코트나 세계의 생물을 피겨로 만드는 일본
회사인데, '사와가니(さわがに)'라는 민물게를 가지고 피겨로 만들
고 있다. '사와가니'는 일본 고유종이라고 하는데, 파란색, 주황색,
노란색 등 다양한 색을 가졌다. 피겨 제품 역시 이 다양한 색을 바
탕으로, 작고 귀여우면서도 다채롭게 그 특징을 구현했다.

한편, 앞의 인용문에서 수산자원이라는 역할을 강조한 데서

---

* 예를 들면 https://www.youtube.com/watch?v=IfjUw42aHpQ.

알 수 있듯이, 일본에는 게를 식재료로 한 다양한 종류의 요리가 있다. 조리 방법은 굽거나 삶거나 튀기는 것이 일반적이며, 회로 먹거나 초밥에 올려 먹기도 한다.[8] 이외에도 전골에 넣고 끓이거나 죽의 형태로 만들어서 먹는다. 또한 게 요리만을 취급하는 전문점도 있는데, 그러한 음식점에서는 게살 그라탕이나 게 솥밥 등 다양한 요리를 코스로 즐길 수 있다.

반품하는 책과 역행 캐논

게는 영어로 crab이다. 『옥스퍼드영어사전』은 crab의 어원이 고대 영어 *crabba*이며, 고대 노르웨이어 *krabbi*, 중세 저지 독일어 *krabbe*, 네덜란드어 *krabbe*, *krab* 등에서 연관성을 찾아볼 수 있으나, 마찬가지로 게를 의미하는 라틴어 *carabus*, 그리스어 *κάραβος*와는 관련이 없다고 언급했다.

게의 색깔, 모양, 서식지, 기타 특징에 따라 이름이 다양하다. 예를 들어, 북대서양 해안에 서식하는 그린크랩(green crab), 북아메리카 동쪽 연안에 서식하며 푸른 무늬가 있는 블루크랩(blue crab), 등딱지가 거무스름한 블랙크랩(black crab)은 게의 색에 따른 이름이고, 위험에 처하면 발톱과 다리를 껍데기로 단단히 끌어당겨 상자 모양이 되는 안경만두게[box-crab], 우아한 형태 혹은 매력적인 색상으로 유명한 레이디크랩(lady crab)은 모양에 따른 명칭이다. 홍합이나 굴 등의 껍데기에 기생하는 속살이게[pea crab],

대서양이나 태평양의 바위가 많은 해안에서 자주 보이는 록크랩 (rock crab), 코코넛을 (야자나무로부터) 빼앗기 위해 야자나무에 기어오르는 인도-태평양 지역의 야자나무게[robber crab], 약한 외골격을 보호하기 위해 연체동물 껍데기에 숨어들어 서식하는 소라게[hermit crab]는 서식지 혹은 특징에 따른 이름이다.

사실 게는 앞으로도 뒤로도 옆으로도 걷는데, 한국에서는 '게걸음'이 옆으로 걷는 걸음을 의미하는 반면 서양에서는 게가 뒤로 걷는다고 생각하는 경향이 있는 듯하다. 이와 관련하여 특이하고 재미있는 표현이 있다.

첫 번째는 독일어 남성 명사 Krebs[게, 반품 등]의 영향으로, crab 이 서점에서 팔리지 않아 출판사에 반품된 책이라는 의미를 가진다. 『옥스퍼드영어사전』에는 "이러한 방법들이 독일에서 잘 작동되어 연말에 반품되는 서적의 수가 그리 많지 않을 것 같다 [These methods seem to work well in Germany, and the number of 'crabs', or books returned at the end of the year, is not often very great]."[9]라는 예문이 있다.

두 번째는 '역행 카논[crab canon]'이다. "카논은 돌림노래다. ······ 어떤 선율이 연주되어 끝나는 과정에, 그 선율의 마지막 음부터 연주되어 시작하는 음으로 끝나는 과정이 중첩된다. 이해가 잘 안 된다면, 다음을 생각해보자. 어떤 선율이 '도→레→미→파→레→도'를 연주한다. 이 선율이 연주될 때, 이 선율의 역행/회문도 같이 연주된다. 이 선율의 역행/회문은 '도→레→파→미→레

→도'이다. '도→레→미→파→레→도'와 '도→레→파→미→레→
도'가 같이 연주된다는 것이다."[10] 14세기 프랑스 작곡가 기욤 드
마쇼(Guillaume de Machaut)의 〈나의 끝은 내 시작[Ma fin est mon
commencement]〉이라는 3성 합창곡과 바흐(Johann Sebastian Bach)
의 〈음악의 헌정[Musical Offering]〉이 역행 카논을 시도했다고
한다.[11]

게 성운, 게 별자리, 게 신화

송나라 문헌에 1054년에 거의 보름달 밝기의 새로운 별(손님
별)이 나타났다는 기록이 있다.[12] 이 별은 수개월 동안 낮에도 볼
수 있을 정도로 밝았고 밤에는 그 빛으로 책을 읽을 수 있을 정
도였다고 전해지는데, 이는 후에 별이 마지막으로 폭발하는 과정
인 초신성으로 밝혀졌다. 초신성 폭발의 잔해물인 가스와 먼지들
이 모여 있는 것을 성운(星雲)이라고 하는데, 1054년 초신성 폭발
의 잔해에는 '게 성운[Crab Nebula]'이라는 이름이 붙여졌다. 윌리
엄 파슨스(William Parsons)가 1840년에 36인치 망원경으로 관측
한 대상을 그린 그림이 게의 모양과 흡사했기 때문이다.

우주에는 게 성운 말고 게가 하나 더 있는데, 바로 황도 12궁도
중 게자리다(게 성운은 게자리가 아니라 황소자리 중 황소의 뿔 끝부분
에 있다). 별자리는 그리스 신화에서 비롯되는데, 게자리는 헤라클
레스와 관련 있다.

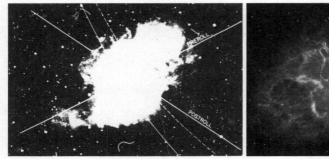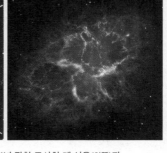

그림 8-4 프랑스 천문학자 메시에 (Messier)가 1771년 관찰·묘사한 게 성운(왼쪽)과
허블 우주 망원경이 포착한 게 성운(오른쪽)

　그리스 신화에 의하면, 헤라클레스가 수행하던 열두 가지 과업 중 머리 아홉 달린 괴물 히드라를 퇴치하는 것이 있었다. 헤라클레스를 미워하던 헤라는 카르키노스(Καρκίνος)라는 이름의 거대한 게를 보냈다. 카르키노스는 히드라와 싸우느라 바쁜 헤라클레스의 발꿈치를 집게로 물었지만 분노한 헤라클레스에게 짓밟혀 한 다리를 잃은 채 죽었다. 헤라가 이를 불쌍히 여겨 하늘의 별자리로 만들어주었다는 것이다(그래서인지 게자리도 한 다리가 없는 게의 모양을 하고 있다).

　『옥스퍼드영어사전』에 따르면 게자리는 영어로 Cancer인데, 고대 그리스어 *Καρκίνος*를 어원으로 한다. 고대 그리스어 *Καρκίνος*는 게, 게자리, 암이라는 의미를 모두 가지고 있었는데, 아우렐리우스 코넬리우스 켈수스(Aulus Cornelius Celsus)가 라틴어로 쓴 최초의 의학 교과서이자 의학 논문인 「의학에 관하여[De Medicina]」

그림 8-5 모체족의 게 모양 조각(왼쪽)과 게가 그려진 병(오른쪽)

에서 이를 고전 라틴어 cancer로 번역하여 처음 사용했다고 한다.[13] 원래 게를 의미하는 이 단어가 암을 가리키게 된 까닭은, 게가 옆으로 움직이듯 암이 주변 조직으로 확장되는 모양이 시각적 또는 상징적으로 연관되어 있다는 데 있다.

〈그림 8-5〉는 고대 페루의 모체족(Moche) 예술 작품 중 게를 소재로 한 조각품과 병이다. 왼쪽은 6~7세기에 금속으로 만들어진 길이 9.7센티미터 크기의 게 조각품이고, 오른쪽은 2~4세기에 만들어진 것으로 추정하는 길이 18.6×13.7센티미터 크기의 병이다. 이러한 예술 작품을 통해 페루 해안에 존재했던 모체 문명이 자연, 특히 바다를 숭배했으며, 중요한 먹거리 중의 하나였던 게를 모티브로 하여 예술 작품을 제작했음을 알 수 있다.

제 9 장

값진 보물과 미의 여신을 낳는 · 조개

조개는 연체동물문 이매패강(二枚貝綱)에 속하는 동물의 총칭으로, '이매패(二枚貝)'라는 분류 명칭에서 알 수 있듯이 좌우대칭의 두 개의 껍데기로 덮여 있다. 물렁물렁한 몸 전체를 감싼 껍데기는 조개를 보호하는 갑옷 같기도 하고, 집처럼 보이기도 한다. 이매패강을 다른 말로 '부족강(斧足綱)'이라고도 하는데, 조개의 납작한 발이 도끼[斧] 모양이기 때문이다. 조개는 이 도끼 모양 발, 즉 부족을 통해 땅을 파고 들어가거나 기어다니는 특징이 있다.

　조개는 번식력이 강하고, 다른 동물과 달리 재빨리 도망가지 못하기 때문에 선사시대 이래 사람과 다른 동물의 먹이가 되어 훌륭한 단백질 공급원 역할을 하고 있다. 또한 단단한 껍데기는 아름다운 장신구나 공예품으로, 조개가 만들어내는 진주는 진귀한 보석으로 이용되어왔다.

모든 백성의 음식, 조개

　조개는 고문헌에서 주로 '蛤(합)', '蚌(방)' 또는 '蚌蛤(방합)'이라

기록돼 있다. 명나라 이시진은 『본초강목』에서 "蚌(방)과 蛤(합)은 같은 부류이면서 모양이 다르다. 긴 것을 모두 방이라 하고, 둥근 것을 모두 합이라 한다."고 설명했다.[1]

정약전은 『자산어보』에서 "조개는 蛤(합)이다."라고 하며, "무릇 껍데기가 합하는 것을 이르길 합이라 하며 대개 진흙 속에 엎드려 있으며 난생이다[凡甲而合者曰蛤皆伏在泥中而卵生]."라고 설명했다.[2] 또한 구체적인 조개 종류를 소개하면서, 꼬막은 蚶(감), 맛조개 는 蟶(정), 홍합은 淡菜(담채), 굴은 蠔(호), 고둥은 나(螺)라고 표기 했다. 홍합을 제외하면 공통적으로 이름 한자에 '벌레 충(虫)'이 부 수로 포함되어 있다는 특징이 있다.

현대 표준어 조개의 옛말인 '죠개'는 15세기 문헌에서부터 나타 난다. 15세기에는 '조개'와 '죠개'가 함께 나타났으나, 16~18세기 문헌에는 '죠개'가 주로 쓰였다. 근대 국어 시기 치경음 ㅈ이 구개 음*이 되면서 '죠'와 '조'의 발음이 같아져 19세기 이후로는 '조개' 가 쓰이게 되었다.

『동국여지승람(東國輿地勝覽)』「토산편」에 따르면 석화(石花)는 7도 70고을, 합(蛤)은 7도 55고을, 홍합은 6도 54고을의 토산품이 었으며, 이 밖에도 토화(土花: 바닷물조개), 죽합(竹蛤: 맛조개), 감합

---

* 치경음은 ㄷ, ㄸ, ㅌ, ㅅ, ㅆ, ㄴ, ㄹ과 같이 혀끝을 윗잇몸에 대거나 접근하여 내는 소리이며, 구개음은 ㅈ, ㅉ, ㅊ과 같이 혓바닥과 입천장 앞쪽의 단단한 부분 사이에서 나는 소리다.

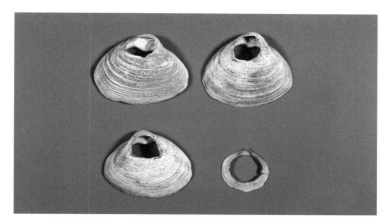

그림 9-1 부산에서 출토된 선사시대의 조개 꾸미개

(甘蛤: 꼬막), 강요주(江瑤柱: 꼬막), 황합(黃蛤: 백합과의 조개), 백합
(白蛤), 소합(小蛤: 작은 크기의 백합조개) 등이 기록되어 있다. 『재물
보』와 『물명고』, 『임원경제지』의 「전어지」에는 각각 10가지 내외,
『자산어보』에는 20가지의 조개류가 기록되어 있다.[3] 이처럼 조개
는 예로부터 우리나라 해안에 다양한 종류가 서식했으며 쉽게 잡
을 수 있었다.

한치윤(韓致奫, 1765~1814)은 『해동역사(海東繹史)』 「풍속지」에
가난한 백성이 해산물을 많이 먹었다며 다음과 같이 기록했다.

고려 풍속에 양과 돼지가 있지만 왕공이나 귀인이 아니면 먹지 못하
며, 가난한 백성은 해산물을 많이 먹는다. 미꾸라지[鰌]·전복[鰒]·조개
[蚌]·진주조개[珠母]·왕새우[蝦王]·문합(文蛤)·붉은게[紫蟹]·굴[蠣房]·거

북이다리[龜脚]·해조(海藻)·다시마[昆布]는 귀천 없이 잘 먹는데, 구미는 돋구어주나 냄새가 나고 비리고 맛이 짜 오래 먹으면 싫어진다. 고기잡이는 썰물이 질 때에 배를 섬에 대고 고기를 잡되, 그물은 잘 만들지 못하여 다만 성긴 천으로 고기를 거르므로 힘을 쓰기는 하나 성과를 거두는 것은 적다. 다만 굴과 대합들은 조수가 빠져도 나가지 못하므로, 사람이 줍되 힘을 다하여 이를 주워도 없어지지 않는다.

[國俗有羊豕. 非王公貴人. 不食. 細民. 多食海品. 故有鯔, 鰒, 蚌, 珠母, 蝦王, 文蛤, 紫蟹, 蠣房, 龜脚. 以至海藻, 昆布. 貴賤通嗜. 多勝食氣. 然而臭腥味鹹. 久亦可猒也. 海人. 每至潮落. 矴舟島嶼而捕魚. 然不善結網. 但以疏布漉之. 用力多. 而見功寡. 唯蠣蛤之屬. 潮落不能去. 人掇拾盡力. 取之不竭也.]

한반도의 환경에서 민중이 해산물을 다양하게 먹은 것은 당연한 일이다. 그러나 배나 그물 등 장비가 필요한 고기잡이에 비해 썰물 때 쉽게 주울 수 있는 조개류는 가난한 서민들조차 배불리 먹을 수 있는, 얼마 되지 않는 음식 중 하나였다.

문학 작품 속 조개

조개는 단단한 껍데기와 부드러운 살을 갖고 있을 뿐 아니라 체내에 들어온 이물질에 견디기 위해 만드는 아름다운 진주를 품고 있다. 조개의 이런 특징으로 인해 예로부터 문학 작품 속에서는 조개가 다양한 비유로 활용되었다. 고려가요 「청산별곡(靑山別曲)」

의 일부를 살펴보자.

살어리 살어리랏다 바르래 살어리랏다
느무자기 구조개랑 먹고 바르래 살어리랏다
얄리얄리 얄라셩 얄라리 얄라

위 가사를 현대 한국어로 옮기면 '살겠노라 살겠노라. 바다에 살
겠노라. 나문재, 굴, 조개를 먹고 바다에 살겠노라. 얄리얄리 얄라
셩 얄라리 얄라.'가 된다. 여기에서 구조개는 '굴과 조개'를 뜻하는
데, 화자가 소망하는 소박한 삶의 상징으로 쓰였다. 이를 통해 당
시 굴과 조개가 흔하고 소박한 음식이었으며, 또한 고려시대 사람
들이 굴과 조개를 즐겨 먹었음을 추측할 수 있다.

조선시대 학자 이항복(李恒福, 1556~1618)의 글을 엮은 『백사별
집(白沙別集)』 6권 「이 정랑(李正郞) 경직(景稷)에게 답하는 글」을
보자.

철령(鐵嶺) 홍은(洪恩) 이북은 촌지(寸紙)가 황금처럼 귀하니, 금구(金
溝)의 종이가 일속(一束)이면 어찌 백붕(百朋)뿐이겠는가.
[鐵嶺以北 寸紙如金 金溝之紙 一束何啻百朋耶]

고대 사회에서 조개는 진귀한 물건으로 여겨져, 기원전 3000년
경부터 금속 화폐가 출현하기 이전까지 화폐처럼 사용되었다고

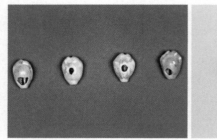

그림 9-2 왼쪽은 고대 중국에서 사용된 조개 화폐이며,
오른쪽은 고대 한반도에서 사용된 조개 화폐다.

한다. 이러한 문화를 바탕으로 한자에서 조개를 뜻하는 '貝(패)' 자가 포함된 글자는 주로 돈이나 귀중한 물건을 뜻한다. 朋은 조개 두 개를 뜻하는데, 위 글의 '백붕(百朋)'은 많은 돈을 뜻한다.

고려 후기의 문인 안축(安軸, 1287~1348)의 『근재집(謹齋集)』 1권에 기록된 시 「치통」의 한 구절을 살펴보자. 이 시에서 조개는 고른 치아를 비유적으로 이른다.

어금니는 쑤시고 흔들리니	牙齒熱以搖
칼로 도려내는 듯 쓰라리구나	酸痛極刀劊
밥이 거칠어 죽을 마시고	飯麤啜糜粥
고기가 질겨 생선회를 씹네	肉硬啗魚膾
점차 빠져서 다 없어지면	漸見脫以虛
입술로도 가릴 수 없겠지	唇亦不能蓋
젊어지는 약을 만들지 못하였으니	還童藥未成

탄식한들 어찌할 수가 없구나	嘆息無可奈
젊은이들에게 말하노라	謂言少年子
튼튼한 이를 자신하지 말라	莫恃如編貝

이 시에서 화자는 이가 상했을 때의 고통을 묘사하면서, 마지막 행에서 튼튼한 이를 '편패(編貝)'로 표현한다. 편패는 조개껍데기를 가지런하게 엮은 것으로, 즉 조개껍데기를 죽 엮어놓은 것처럼 깨끗하고 가지런한 치아를 비유한 표현이다. 이는 『한서(漢書)』 「동방삭전(東方朔傳)」의 '현주편패(懸珠編貝)'에서 비롯된 말이다.

조개뿐 아니라 진주도 비유적 표현으로 자주 사용되었다. 조선 중기 문신 장유(張維, 1587~1638)의 『계곡선생집(谿谷先生集)』 25권 「첩운을 써서 죽음의 방문을 감사한 시[疊韻謝竹陰過訪]」의 한 구절을 살펴보자.

멋진 모임 읊은 그대의 시편	幸蒙記勝篇
고래도 낚아 올릴 힘찬 그 필치	筆力掣鯨魚
어떻게 그 성의에 보답하리까	將何報盛意
명월주 없음이 부끄러울 뿐이외다	媿乏明月珠

위의 시에서 필자는 상대방의 글에서 풍기는 운치에 감탄하며 "명월주 없음이 부끄러울 뿐이외다"라며 시를 마무리했다. 여기에서 '명월주(明月珠)'는 밤중에도 빛을 발하는 보주(寶珠)로 알려져

있는데, 진주를 가리킨다. 즉, 좋은 시편을 아름다운 진주에 빗대며 자신에게는 이러한 필치가 없음을 고백하는 것이다.

또한, 조선 후기 문신이자 학자인 김세렴(金世濂, 1593~1646)의 글을 엮은 『동명집(東溟集)』 5권의 「재종매인 사간 이사회의 내실에 대한 만시[再從妹李司諫士會內室挽]」에서는 조개를 아들에 비유한다.

아주 어린 나이 때에 부친 여의고	髫時曾喪考
시집온 뒤 처음으로 남편 따랐네	字後始從夫
집안에서 기쁜 기색 돌게 했으며	果惬門闌喜
작록 아주 특별한 걸 앞다퉈 봤네	爭看爵祿殊
거센 바람 불어 촛불 꺼버렸으매	急風還滅燭
진주조개 명월주를 품지 못했네	明月不胎珠
깜깜하고 막막한 게 하늘 도이니	冥漠天之道
누구에게 있고 없음 물어보리오	憑誰問有無

이 시에서 "진주조개 명월주를 품지 못했네"라는 부분은 아들을 두지 못했음을 비유한다. 이는 어머니의 몸에 잉태되는 태아처럼 진주도 조개껍데기 안에서 생겨난다는 특징, 소중하고 진귀하다는 특성을 바탕으로 생겨난 표현이다. 이러한 설명은 『자산어보』에서 '해방(海蚌)'을 설명한 부분에서도 찾을 수 있는데, "옛말에, 방(蚌)이 우레를 들으면 움츠러든다. 진주를 잉태한 것이 마치

그림 9-3 진주를 품은 조개

사람이 아이를 밴 것 같기 때문에 주태(珠胎)라고 한다[古云蚌聞雷則●瘦. 其孕珠如人孕, 故謂之珠胎]."라고 했다.

이처럼, 예로부터 조개와 그로부터 생겨난 진주는 문학 작품 속에서 다양한 비유로 등장했는데, 이는 조개가 일상생활에서 쉽게 볼 수 있는 대상이며 익숙하게 여겼기 때문이다.

"물가에서는 그저 조개나 먹으세"

중국어에서 貝(조개 패)는 다양한 종류의 조개를 아우르는 말이며, 조개의 종류에 따라 서로 다른 이름을 갖고 있다. 그중 일반적으로 쓰는 단어는 '거리[蛤蜊]'다. 중국어에서 대부분의 조개 명칭은 '蛤(조개 합)' 자 앞에 다른 단어를 조합해 구성한다. 예를 들어 바지락은 화거[花蛤], 새조개는 하이거[鳥蛤], 대합은 원거[文蛤]다.

중국 남북조시대 제나라의 정치인 심소략(沈昭略)이 쓴 『남사(南史)』에 "다른 일은 관여하지 않고 그저 조개나 먹으세."라는 말이 나오는데, 그 말의 일부를 가져와서 '체스거리[且食蛤蜊]'라는 사자성어가 생겼다. 현재 이 성어는 '내버려두고 묻지 않는다(관여하지 않는다)'라는 의미로 사용된다.

또 남송의 시인 왕원량(汪元量)의 시 「자고천(鷓鴣天)」에는 "水邊莫話長安事, 且請卿卿吃蛤蜊."라는 단락이 있는데, 이를 풀이하면 '물가에서 장안(長安)의 일을 논하지 말고, 그저 다정하게 조개나 먹으세.'가 된다. 왕원량은 시인이면서 궁궐에서 거문고를 타는 악사인 금사(琴師)이기도 했다. 한 기록에 의하면, 그는 황후 사도청(謝道淸, 1210~1283)*을 종종 만나 조개 요리를 맛보며 이야기를 나누었다고 한다. 그때 그는 사도청에게 국사(國事)나 집안의 일을 논하지 않고 그저 조개 요리를 먹으며 보내면 좋지 않은 일들은 다 잊어버릴 수 있다고 말했다고 전한다.[4]

조개로 처벌을 면한 의관과 조개 속에서 나온 나한상

남송의 저명한 의학자 장고(張杲)가 지은 중의학 서적 『의설(醫說)』에는 대합산(黛蛤散)이라는 중의약이 의관 이방어(李防御)를 살렸다는 이야기가 나온다.

송나라 때 이방어라는 의관이 있었다. 그가 황궁에 의관으로 막 입성했을 때, 송나라 황제 휘종(徽宗)의 총애를 받는 황비가 담

---

* 남송의 황제 이종(理宗)의 황후. 비록 황후로 책봉되었으나 황제의 총애가 다른 귀비들에게 향했으며, 아들 조유는 요절했다. 또한 당시 남송은 몽골의 급격한 세력 확대로 인한 위기에 직면해 있었다.

수(痰嗽)*로 괴로워하며 잠을 이루지 못했으며 얼굴은 쟁반같이 부어 있었다. 휘종은 이방어를 불러 치료하라 명했다. 여러 번 약을 썼지만 효과가 없자 황제는 '3일 내에 효과가 없으면 처벌한다.'는 각서에 서명하도록 했다. 그러나 달리 방법이 없었던 이방어는 집에서 근심에 잠겨 있었다. 그때 문 밖 골목에서 누군가 "기침약 한 푼에 한 첩, 먹으면 오늘 밤은 잠들 수 있어요."라고 외치는 소리가 들렸다. 이방어는 즉시 사람을 보내 10첩을 사 왔는데, 약은 연녹색이고 홍합탕에 참기름 몇 방울을 넣어서 복용해야 했다. 이방어가 3첩을 단번에 복용해본 후 3첩을 황궁으로 보냈다. 황비는 약을 복용한 후 그날 밤 바로 기침이 멈췄고, 다음 날 얼굴 부종도 사라졌다. 이방어는 황제가 처방을 요구할까봐 약장수를 찾아가 대접하고 거금을 주고 약을 사겠으니 처방을 알려달라고 했다. 약장수가 알려준 처방은 간단했다. 조개껍데기를 기와에 올려 빨갛게 되도록 굽고, 가루로 만들어서 약간의 청대(靑黛)**를 섞는 것이었다. 후대에 이 처방을 대합산(黛蛤散) 또는 청합산(青蛤散)이라 했는데, 현재는 『중화인민공화국약전(中華人民共和國藥典)』에 등재된 중의학 약제다.

한편, 조개에서 나한상이 나온 전설도 전해진다.

---

* 위 속에 있는 습담(濕痰)이 폐로 올라올 때는 기침이 나고, 가래가 나올 때는 기침이 그치는 병.
** 마디풀과의 쪽 또는 유사식물의 잎을 발효시켜 얻은 가루.[5]

청나라 건륭제 때, 중국 양저우[揚州]의 한 마을에 이씨 성을 가진 한 남자가 살았다. 하루는 이씨가 일을 보고 집으로 돌아오던 중 강가에서 8촌(八寸: 약 26센티미터) 크기의 조개를 주웠다. 집에 돌아와 조개를 열어보니 자연적으로 생성된 나한상(羅漢像)*이 들어 있었는데, 한쪽 조개껍데기에 9개씩 모두 18개가 있었다. 자연적으로 생성된 이 나한상들은 형태와 복식(服飾)이 각기 다른 모습이었으며, 눈썹과 수염의 모양도 역동적이고 생기가 있어 보였다.

당시에 양저우에는 흥교사(興教寺)라는 절이 있었는데, 화재로 인해 높이 솟아 있던 흥교사 천불탑(千佛塔)이 폐허로 변했다. 그후 양저우의 불교 신자들이 기부금을 모아 천불탑을 수리하여 찬란했던 천불탑의 옛 모습을 재건했다. 이때 불교도였던 이씨도 자신이 발견한 나한상을 비싼 값에 팔아버리지 않고, 조개를 비단으로 싸고 다시 비단함에 넣어 조심스럽게 흥교사로 가져가 헌납했다. 주지스님은 나한상을 보고 매우 기뻐했으며, 합장하여 이씨에게 감사를 표했다. 주지스님은 목욕재계하고 옷을 갈아입은 후, 조개가 담긴 비단함을 천불탑 꼭대기에 공손히 모셨다. 이후 소식을 들은 많은 사람이 천불탑을 찾아왔다고 전한다.[7]

---

* 나한(羅漢)은 아라한(阿羅漢)의 줄인 말로, 산스크리트어 아르하(Arhat)의 음역이다. 나한상은 깨달음을 이루어 사람들의 공양을 받을 만한 성자인 나한의 모습을 표현한 불교 조각이다.[6]

대합조개의 오줌은 일품 육수?

일본에서는 조개를 '가이(かい)'라고 부르고 한자로는 貝(조개 패)로 쓴다. 가이(かい)는 훈독으로서 일본 전래의 발음으로 보인다. 한편, 한중일 삼국에서는 어패류(魚貝類) 대신 '어개류(魚介類)'라는 용어를 사용하기도 한다. 어패류와 어개류 사이에는 어떤 차이가 있을까? 사전의 풀이에 따르면, '낄 개(介)' 자가 갑옷을 입은 사람의 형상이므로 딱딱한 갑옷과 같은 갑각류의 수중동물을 '魚介'라고 한다.[8] 실제 한자학에서도 介는 갑골문에서 '갑옷을 입은 사람'을 상형한 것으로 보고 있다.[9] 즉 물고기를 필두로 한 (식용)수중동물을 총칭할 때 조개를 우선시하면 어패류가 되고, 게와 새우 같은 갑각류를 중시하면 어개류가 된다 하겠다.

한편, 일본의 입장에서 본 조개의 사전적 정의는 다음과 같다.

貝[かい]: 패각(貝殼). 각피(殼皮), 능주층(稜柱層), 진주층(眞珠層)이라는 3개의 층으로 구성되어 있으며 연체(軟體)의 외투막(外套膜)으로부터 분비된다. 가장 바깥층인 각피는 콘키올린(conchiolin)으로 불리는 단백질의 일종으로, 혁질(革質)이다. 능주층은 방해석(方解石)으로, 진주층은 아라레석(あられ石: 아라고나이트aragonite)으로 이루어졌으며 주성분은 탄산칼슘이다. 가이(かい)는 넓은 의미로 연체동물 전체를 가리키기도 하는데, 보통은 연체동물에 포함된 동물 중 패각(貝殼)을 가진 것들을 말한다. 성게, 굴, 소라 계통의 생물 등을 포함시키는 경우도 있다. 대

부분은 바다에 서식하지만, 민물이나 육지에도 산다. …… 식용이나 세공품 등에 이용된다.[10]

조개와 관련된 단어로 '호라가이(ほらがい, 法螺貝)'라는 것이 있다. 호라가이는 우리말로 '소라고둥'인데, 일본에서 이 단어는 허풍을 떨거나 과장해서 말하는 것 또는 그러한 이야기를 뜻한다. 그런데 조개의 한 종류인 소라고둥이 어떻게 해서 허풍(虛風)이나 과장(誇張)을 의미하는 말이 된 것일까? 그 이유에 관해서는 다음 내용이 잘 설명한다.

일본의 혼슈 남서부에 위치한 와카야마현[和歌山県] 인근의 수심 10~50미터 사이 바다에서 주로 서식하는 호라가이는 산호초에 구멍을 파서 사는 습성이 있다. 그러나 최근에는 일본산 호라가이보다는 동남아시아, 오세아니아, 북아메리카 지역에서 채취된 호라가이를 수입하는 경우가 많다. 온난한 바다에서 서식하는 호라가이는 크기가 크고 껍데기가 얇은 것이 특징이고, 암컷 또는 수컷의 여부, 자라난 환경에 따라 악기로 제작될 때의 음질에도 영향을 끼치게 된다. '호라가이'라는 명칭은, 소라고둥을 의미하는 한자어 '법라(法螺)'의 일본식 발음인 호라(ほら)와 조개라는 뜻의 가이(かい)를 합성한 것이다. 호라가이를 간단히 '호라'라고 부르기도 하는데, 연주 음량이 매우 큰 호라가이의 특성에 비추어 일본어에서는 이 단어를 허풍을 떨거나 과장해서 말한다는 의미로 사용하기도 한다. 파생된 표현으로는 '대단히 과장된 허풍'을 뜻하는 오보라[大法螺, おおぼら], '터무니없는 거짓'을 나타내는 속어인 다보라 [駄法螺, だぼら] 등이 있고, 호라오 후쿠[法螺を吹く: 호라를 연주한다]라는 표현은 아예 '허풍을 떨다'는 의미의 숙어로도 활용된다. 덧붙여 이와 같은 표현을 활용한 명사형 호라후키[法螺吹き, ほらふき]는 '거짓말쟁이'라는 뜻으로 통용된다.[11]

조개와 관련된 또 다른 숙어로 '가이오 쓰쿠루[貝を作る: 조개를 만든다]'가 있다. 이것은 사람이 울 때 입 모양이 대합처럼 되는 데 착안해서 생긴 표현으로, '울상을 짓는다'라는 의미를 가진다. 일본에는 이러한 말들과 더불어 조개와 관련된 옛이야기도 있다. 그 대표적인 것이 '하마구리뇨보[蛤女房, はまぐりにょうぼう]'라는 이야기다. 이 설화는 사람이 아닌 다른 동물과의 혼인에 관한 이야기인 이류혼인담(異類婚姻譚)으로서, 그 내용은 다음과 같다.

옛날 어느 해변에 어부일을 하는 한 남자가 살았다. 어느 날 그 남자가 고기잡이를 하다가 매우 큰 조개를 잡았다. 남자는 그 크기를 볼 때 이렇게 자라기까지 힘들었을 것이라고 생각해 조개를 놓아주었다. 얼마 뒤에 남자의 앞에 아름다운 여인이 나타나 그의 아내가 되고 싶다고 했다. 아내가 된 여인은 맛있는 국물 요리를 만들었는데, 특히 된장국이 일품이었다. 그러나 그녀는 어찌해서인지 자기가 음식 만드는 것을 결코 봐서는 안 된다고 신신당부했다. 그러나 어떻게 하면 이렇게 맛있는 국물을 낼 수 있을까 하는 호기심 때문에 남자는 마침내 아내가 요리하는 것을 엿보게 된다. 그런데 이를 어쩔까, 아내가 냄비 위에 걸터앉아 소변을 보고 있었던 것이다. 이에 그는 화가 나서 아내를 내쫓았는데, 아내는 해변에서 울다가 이윽고 원래 모습을 드러냈다. 그것은 언젠가 남자가 목숨을 구해주었던 바로 그 대합조개였던 것이다. 그리고 조개는 바다로 돌아갔다.[12]

맛있는 국물 맛의 근원이 아내의 소변이라는 내용이 약간 엽기적(?)이긴 하지만 발상은 재미있다. 그런데 이런 설정이 허용되는 것은 이 아내가 원래 다름 아닌 큰 대합조개였다는 데 있다. 다시 말하면, 표면적으로는 여인의 소변이지만 결국 그것은 대합조개에서 나온 국물이라는 것이다. 지금도 나베[鍋, なべ]와 같은 일본식 찌개 요리에 가리비와 같은 조개를 넣어 시원한 맛을 내곤 하는데, 이러한 일본의 전통이 오랜 옛날부터 이어진 것임을 알려주는 설화인 것이다.

행복, 불운 그리고 클램 차우더

조개는 영어로 clam이다. 어원은 고대 영어 *clam*이며, 중세 고지 독일어 *klam*, 독일어 *klamm*, 고대 고지 독일어 *chlamma*, 중세 고지 독일어 *klamm*, **klam(m)jôn*-처럼 고대 및 중세 유럽어와 형태 측면에서 유사성을 찾아볼 수 있다. 고대 독일어의 **klam-*, **klamm-*, **klamb-*은 '누르다, 짜내다'의 의미이며, 고대 영어에서는 '단단히 고정된 것' '유대[결합]' '사슬[띠]'라는 의미로 사용되기도 했다.

clam이 포함된 몇 가지 표현을 살펴보자. 'clam up (on somebody)'는 '(누가 묻는 사항에 대해) 입을 꼭 다물다(말을 하지 않다)'라는 의미로, 조개가 껍데기를 꼭 닫은 모습에서 유추한 것으로 보인다. 조개를 흔히 볼 수 있는 미국 뉴잉글랜드 해안 지역에서는 'as happy as a clam at high water[만조의 조개처럼 행복하다]'라는 표현이 흔히 쓰이고, 'shut your clam-shell'은 '입 닥쳐'라는 의미의 저속한 표현이다. 『옥스퍼드영어사전』에 의하면, 미국 오리건주(Oregon)에서 'take up a clam ranch'는 '불운의 마지막 단계'를 의미하는 속담식 표현이다.

조개는 오래전부터 인류의 주요한 식량이었다. 지금도 다양한 요리에서 활용되는데, 그중 클램 차우더(clam chowder)와 클램 칵테일(clam cocktail)이 있다. 클램 차우더는 미국 요리로 조갯살, 절인 돼지고기나 베이컨, 양파, 셀러리, 감자, 당근을 재료로 하여 끓인, 스튜와 수프의 중간 정도의 요리다. 1866년 기록에 "미국 여행을 가본 사람이라면 클램 차우더를 먹어봤을 것이다[Anyone who has travelled in America must have eaten Clam-chowder]."[13]라는 표현이 있을 정도로 클램 차우더는 보편적인 요리다.

클램 칵테일은 본래 일반적으로 매운 재료와 혼합된 조개 주스[clam juice]를 포함한 음료이며, 나중에 칵테일 소스나 이와 유사한 드레싱과 함께 제공되는 것으로 바뀐 조개 요리로, 애피타이저로 먹는다. 여기서 조개 주스는 찐 조개에서 추출한 국물로서 그 자체로 섭취하거나 다양한 요리와 음료의 재료로 사용할 수 있다고 한다.[14]

조개·고둥 관련 신화와 상징성

『옥스퍼드영어사전』, 『표준국어대사전』, 위키피디아에 근거하여 정리하면, 연체동물 중 '조개'는 이매패강[Bivalvia]을 가리키고, '고둥'은 복족강[Gastropoda]을 가리킨다. Bivalvia가 라틴어 bis(두 개의) + valvae(접이식 문짝) + ia(복수 접미사)에서 파생된 것이므로, 조개는 책처럼 여닫히도록 경첩에서 탄성 인대로 결합되고 반쪽 두 개로 구성된, 굴·홍합같이 껍데기가 있는 연체동물을 가리킨다. Gastropoda는 그리스어 γαστ(ε)ρ(o)-, 즉 γαστήρ(복부) + ποδ-, πούς(발)에서 유래한 것으로, 발이 복부 아래에 위치한 것을 의미한다. 달팽이나 삿갓조개처럼 기관의 복부 위치에서 비롯한 이름이며, 대개 말려 있는 껍데기를 가진 종류를 가리킨다.

상징성 및 신화에서도 조개(이매패강)와 고둥(복족강)의 차이점을 찾아볼 수 있다.

조개는 다산의 상징이다. 물을 생명의 근원으로 생각했기 때문에 물에 사는 연체동물의 껍데기를 다산과 여성성의 상징으로 인식한 것이다. 일례로, 케냐 반투(Bantu) 부족 중 아캄바족(Akamba) 여성들은 첫 아이를 낳을 때까지 굴 껍데기로 만든 특별한 벨트

그림 9-4 보티첼리의 〈비너스의 탄생〉

를 착용한다. 사랑, 아름다움, 다산, 풍요의 여신인 아프로디테 (Aphrodite, 로마 신화에서는 비너스Venus)도 조개와 관련이 있다. 이탈리아 화가 보티첼리(Sandro Botticelli)는 조개껍데기 위의 바다 거품에서 여신이 나오는 모티브로 〈비너스의 탄생[The Birth of Venus]〉(1485)을 그린 바 있으며, 비너스(Venus)라는 이름의 조개도 실제로 존재한다.

또한, 조개류가 바다에서 서식하므로 조개껍데기는 흔히 바다 신의 상징이었다. 돌고래나 해마가 끄는 조개껍데기는 바다의 신 포세이돈(Poseidon)과 바다의 님프 갈라테이아(Galatea)의 수레였다. 화가 라파엘로(Raffaello Sanzio)의 〈갈라테이아의 승리 [Triumph of Galatea]〉(1511)와 베르니니(Gian Lorenzo Bernini)의 〈넵

투누스와 트리톤(Neptune and Triton)〉(1620) 같은 많은 예술 작품에서 이를 엿볼 수 있다.

또한 조개껍데기는 표면이 매우 단단하기 때문에 죽은 자가 부활과 구원을 기다리는 장소인 무덤의 상징으로도 인식됐다. 폴란드 북부 비스툴라(Vistula) 인근의 일부 묘지에는 이와 같은 상징적인 이유로 조개껍데기로 장식된 묘비가 있으며, 로마의 장례식장 건물에서도 조개껍데기를 많이 볼 수 있다고 한다.

한편, 고대에는 트럼펫 모양의 고둥 껍데기를 의사소통의 수단으로도 사용했을 뿐만 아니라 종교 의식, 결혼식, 장례식 등에서 원시적인 악기로도 사용했다. 고대 이집트와 피지(Fiji) 섬 등에서는 귀족의 장례식에서 커다란 장군나팔고둥(*Charonia tritonis*) 껍데

그림 9-5 인도에서 관악기로 사용하는 성라

　　　　　　　　　　　　　　　제9장 | 조개

기를 악기로 사용했다. 인도에서는 성라(聖螺, *Turbinella pyrum*)를 관악기로 사용했는데, 힌두교에서 그 이름인 상카(*śaṅkha*)를 악의 세력에 대항하는 부적으로 생각하며 성공, 평화, 번영을 상징한다고 한다.[15]

한편, 콜럼버스가 아메리카 대륙을 발견하기 이전 멕시코 지역에 살던 사람들은 고등 껍데기의 나선형을 폭풍의 나선 모양과 연관시켜 고등이 물, 비, 폭풍우를 상징한다고 인식하고 이를 선원들의 부적으로 삼기도 했다. 태평양의 파푸아뉴기니(Papua New Guinea)에서는 장군나팔고둥을 우표로도 제작한 바 있으며, 솔로몬 제도(Solomon Islands)에서는 에그 카우리(egg cowrie, *Ovula ovum*) 껍데기를 뱃머리에 꿰어 달아 부적으로 삼았는데 이는 (안전·풍성·성공 등) 좋은 항해를 상징했다고 한다.*

---

* 리브스카(Rybska)는 「세계 문화 중 조개껍데기의 상징성[Symbolism of shells in world culture]」이라는 글에서 조개의 상징성을 1) 무생물, 2) 소리와 음악의 세계, 3) 신화, 전설, 하나님 속성 중의 한 요소, 4) 생식력과 출산의 모티브, 5) 구원, 성지 순례의 모티브, 6) 죽음, 무덤, 피정, 7) 인간 속성: 연약, 왕족, 권력, 재력, 마음, 성격, 질투라는 일곱 가지로 분류했다.[16]

제 10 장

굽은 허리와 긴 수염을 가진 · 새우

새우는 십각목 절지동물의 총칭으로, 전 세계적으로 약 2,500종, 한반도에서는 약 90종이 서식한다고 알려져 있을 정도로 다양한 종수를 자랑한다. 우리나라에서 잘 알려진 종으로는 도화새우, 보리새우, 대하, 중하, 꽃새우, 젓새우 등이 있다.[1]

새우는 부드러운 육질과 쫄깃한 식감으로 세계 각국에서 사랑받는 식품이다. 우리나라에서도 여러 종류의 새우를 다양한 조리법으로 즐기고 있으며, 한국 대표 음식인 김치 양념에서 필수 재료인 젓갈의 주재료이기도 하다. 또한 어린 시절 즐겨 먹던 짭조름한 새우 맛 과자 또한 빠질 수 없다. 정말 "아이 손, 어른 손 자꾸만 손이 가는" 새우의 맛이다.

옛 문헌 속 새우

옛 문헌에서는 새우를 주로 한자 蝦(하) 또는 鰕(하)로 표기했다. 현대 중국어에서 蝦를 간화*하여 虾로 쓴다는 점에서, 중국과 표기가 동일했음을 알 수 있다. 동시에 우리말로 새, 사이,

사요, 새오라고 했는데, 오늘날 강원·충청권 사투리인 '새오', 경상·전북권 사투리인 '새비'에 그 흔적이 남아 있다.

『자산어보』에는 새우 중에서도 '대하(大蝦)'가 다음과 같이 기록되어 있다.

> 길이는 한 자 남짓이며 빛깔은 희고 붉다. 등은 구부러지고 몸에는 껍데기가 있다. 꼬리는 넓고 머리는 돌게를 닮았으며, 눈은 돌출하였고 두 개의 수염은 자기 몸의 세 배 길이다. 또한 머리 위에 두 뿔이 있는데, 가늘고 단단하며 날카롭다. 다리는 여섯 개이며 가슴 앞에 또 다리가 두 개 있다.
>
> [長尺餘色白而紅 背曲身有甲 尾廣頭似石蟹 目突有兩鬚長三倍於其身 而亦頭上有二角細而硬尖 脚有六胸前又有二脚][2]

보리새웃과에 속하는 대하는 한반도를 비롯해 동북아시아 해역에서만 서식하는 새우의 한 종류로, 우리나라에서는 서해와 남해에 서식한다. 옛날 조상들이 볼 수 있는 새우 중에 가장 크기가 커서 '큰 새우'라는 뜻의 대하로 부른 것으로 추측할 수 있다. 『동국여지승람』에 따르면, 대하(大蝦)는 경기도(4고을)·충청도(3고을)·

＊ (앞쪽) 현대 중국어는 한자를 간략화한 '간화자(简化字)'를 사용하고 있다. 한자의 간화는 주로 필획을 줄여 효율적인 한자 학습을 도움으로써 문맹률을 낮추는 데 이바지했다.

그림 10-1 1999년에 발행된
북한 우표에 그려진 '왕새우'

전라도(7고을)·황해도(1고을)·평안도(1고을) 16고을의 토산물이었다.[3]

새우를 비롯해 게, 가재 등을 포함하는 십각목(十脚目)은 10개의 다리를 특징으로 한다. 그런데 왜 『자산어보』에서는 대하의 다리가 6개라고 한 것일까? 사실 새우는 머리가슴에 3쌍의 턱다리와 5쌍의 가슴다리를, 배에 5쌍의 배다리와 1쌍의 꼬리다리를 가지고 있다. 즉 10개가 아니라 28개 14쌍의 다리를 갖고 있는 것이다. 그러나 일반인 눈에 꼬리다리는 꼬리지느러미처럼 보이고, 배다리는 솔처럼 보여 다리라고 여기지 않을 수 있다. 즉, 『자산어보』에서는 가슴다리 10개에 이를 닮아 눈에 잘 띄는 턱다리 1쌍을 추가하여 6쌍을 6개로 기록한 것으로 추측할 수 있다.[4]

대하를 '왕새우'라고 표기한 북한의 우표에는 새우 다리가 세밀하게 표현되어 있다(그림 10-1). 이 그림만 보아도 정약전이 왜 대하 다리를 6개라고 표현했는지 짐작이 된다.

서유구는 『난호어목지』에서 새우를 한자로 鰕, 우리말로 '시우'라고 표기했으며, 다양한 새우의 종류를 다음과 같이 설명했다.

『본초강목』에는 미하(米鰕), 강하(糠鰕), 청하(青鰕), 백하(白鰕), 이하(泥鰕), 해하(海鰕) 등의 종류가 있고, 『화한삼재도회(和漢三才圖會)』에는 진하(眞鰕), 거하(車鰕), 수장하(手長鰕), 백협하(白挾鰕), 천하(川鰕), 하강하(夏糠鰕), 추강하(秋糠鰕) 등의 이름이 있다. 우리나라 동해에는 새우가 나지 않으므로 소금에 절여 젓갈을 만들어 전국 팔도에 넘치게 하는 것은 모두 서해의 강하(糠鰕)이다. 속칭 세하(細糠)라고 하는데, 소금을 덜 치고 말린 것을 미하(米鰕)라고 하고 색깔이 흰 것을 백하(白鰕)라고 한다.

또 홍하(紅鰕)라는 것이 있다. 길이가 1자 남짓 되는 것을 속칭 대하(大鰕)라고 하는데 『본초강목』에서 말한 해하(海鰕)이다. 회로도 먹을 수 있고 국을 끓여도 되며 말리면 좋은 안주가 된다. 내와 계곡, 강과 호수에서 나는 이하(泥鰕)와 천하(川鰕) 같은 것은 바다에서 나는 것처럼 많지 않고 음식의 재료로 쓰는 사람들도 드물다.

[『本草綱目』有米鰕, 糠鰕, 青鰕. 白鰕, 泥鰕, 海鰕諸種. 『和漢三才圖會』有眞鰕, 車鰕, 手長鰕. 白挾鰕. 川鰕, 夏糠鰕, 秋糠鰕諸名. 我國東海無鰕, 其鹽醃爲醢, 流溢八域者, 皆西海之糠鰕也. 俗呼細鰕, 其淡乾者曰米鰕, 色白者曰白鰕, 又有紅鰕, 長尺餘者, 俗呼大鰕, 卽『本草』所謂, 海鰕也. 可膾可腊, 又可淡鰛爲佳肴, 若泥鰕. 川鰕之生川溪江湖者, 不如海產之多. 人亦罕充庖廚也.][5]

위에 소개된 새우 중 미하는 보통 쌀새우, 백하, 세하를 말하며, 대하는 해하와 홍하를 말한다. 강하는 보리새우 혹은 참새우를 말하고 이하와 천하는 민물새우를 말한다.[6] 또한 위 기록을 통해, 예로부터 새우는 회로 먹거나 국을 끓이는 등 다양한 조리법으로 애용된 식재료였음을 알 수 있다. 특히, 새우젓이 팔도에 흘러넘칠 정도로 보급되었다고 기록하고 있는데, 이 시기 새우젓은 왕가와 같은 특권층뿐 아니라 민초들에게도 확대되어 일상생활에 깊은 영향을 주었음을 알 수 있다.[7]

고래 싸움에 새우 등 터진다

잘 알려진 속담에 '고래 싸움에 새우 등 터진다.'가 있다. 이는 고래를 '강자', 새우를 '약자'에 빗대, 강자들이 싸움을 벌일 때 무고한 약자가 피해를 보거나 또는 다른 이의 싸움에 애꿎은 사람이 중간에 끼여 피해를 보는 상황을 가리킨다. 이와 동일한 의미의 사자성어로 '경전하사(鯨戰蝦死)'가 있다.

일상에서 자주 쓰는 표현으로 '새우잠'이 있다. 이는 몸이 구부러진 새우의 형태적 특징에서 비롯된 비유적 표현으로, 마치 새우처럼 등을 구부리고 불편하게 자는 잠을 일컫는다. 또한 '새우 눈'은 아주 작고 가는 눈을 비유적으로 이른다. 그 밖에 '새우 벼락 맞던 이야기를 한다.'는 까맣게 잊어버린 지난 일을 들추어 기억나게 하는 쓸데없는 행동을 비유적으로 말하며, '새우로 잉어를 낚는다.'는 적은 밑천으로 큰 이득을 얻으려는 경우를 비유적으로 말한다.

새우는 예로부터 장수와 좋은 일의 상징으로 전해지며 '해로(海老)'라고도 불리는데, 굽은 허리와 긴 수염을 가진 새우를 노인에 비유해 생긴 말일 것이다.[8]

노을 빛처럼 붉은 새우

중국어로 새우는 '샤[蝦]'다. 고대에는 '새우 하(蝦)'와 '노을 하(霞)'를 서로 통용한 것으로 볼 때, 두 대상의 붉은 빛깔이 유사해 서로를 연상시킨 때문인 것으로 보인다. 바로 잡은 새우는 붉은색을 띠지 않지만 익힌 새우는 붉은색을 띠기 때문이다. 명나라의 약학자 이시진이 엮은 약학서 『본초강목』에서도 蝦를 묘사할 때, "入湯則紅色如霞也."라고 했다. 즉 '끓는 탕에 들어가면 붉은색으로 변하는 것이 노을과 같다.'라는 뜻이다.

중국어로 새우의 명칭을 살펴보면 재미있는 표현이 많다. 원산지가 홍콩인 '주안스샤[鑽石蝦]'라는 새우 이름에서 '주안스[鑽石]'는 다이아몬드를 가리킨다. 이 새우의 별칭은 '차이홍주안스샤[彩虹鑽石蝦]'인데, 직역하면 '무지개다이아몬드새우'다. 이런 명칭을 가지게 된 것은 투명한 새우의 표면이 빛을 받으면 백색과 홍색으로 어우러져 무지개 빛깔로 비치기 때문이다. 또 중국 광둥성 일대에서 주로 보이는 '주제샤[九節蝦]'는 직역하면 '아홉 마디 새우'인데, 이 역시 몸체의 짙고 옅은 색이 나란히 이어져 마디가 있는 것처럼 보여서 붙여진 이름이다. 광둥성 앞바다에는 꿀벌과 유사한 모습을 한 '미펑샤[蜜蜂蝦: 꿀벌새우]'라는 새우도 서식한다.

이처럼 형태나 무늬를 묘사하는 명칭이 있는 한편, 생태를 나타내는 단어가 이름에 포함된 '지웨이샤[基圍蝦]'라는 새우도 있다.

지웨이[基圍]는 '제방'이라는 뜻인데, 바닷물과 담수가 만나는 곳에서 서식하다 파도를 따라 제방 아래 물살이 완만한 곳에 알을 낳는 생태 때문에 붙여진 이름이다.[9] 또 우리나라에서 젓새우로 부르는 것과 같은 종류인 '마오샤[毛蝦]'가 있다. 중국어에서 마오[毛]는 여러 가지 의미를 갖는데, 그 가운데 '작다'는 의미도 있다. 이는 다른 새우보다 작은 크기의 새우에 걸맞은 이름이다.

그런데 중국어 명칭에서 '샤[蝦]'가 쓰인다 해서 모두 새우는 아니며, 가재류에도 같은 글자를 사용한다. 중국인들이 즐겨 먹는 민물가재는 중국어로 '룽샤[龍蝦]'라고 불린다.

새우와 게는 오합지졸

새우의 굽은 허리와 작은 크기는 일상에서나 문학 작품 속에서 자주 쓰이는 비유가 되었다.

청나라의 문인 원매(袁枚)가 기괴한 이야기를 모아 쓴 『신제해(新齊諧)』에 '런샤[人蝦: 사람 새우]'라는 표현이 나오는데, 줏대 없이 스스로를 기만하고 남도 속이는 사람을 조롱하는 말로 쓰였다. 또 명나라 오승은(吳承恩)이 쓴 소설 「서유기(西游記)」에서는 사람이 몸을 굽혀 예를 표하는 모습을 '샤야오[蝦腰: 새우 허리]'라는 표현으로 묘사했다. 그러나 현대 중국어에서는 런샤나 샤야오라는 단어가 사용되지 않는 것으로 보아, 당시 작가가 인물의 속성을 묘사하기 위해 새우의 구부러진 모습에 빗대어 임시로 활용한 표현으로 보인다.

사자성어에서 새우는 작은 크기 때문에 보잘것없는 존재로 주로 비유된다. 먼저, 새우와 게로 구성된 군대를 뜻하는 '샤빙셰장[蝦兵蟹將]'은 오합지졸인 보잘것없는 부대 혹은 상대방의 부하나 장병을 멸시하여 부르는 표현으로 쓰인다. '쟝샤댜오베[將蝦釣鱉: 새우를 데리고 자라를 낚다]'는 정당치 못한 방법으로 가외(加外)의 이익을 보는 것을 가리키거나 '잇속을 차리다'를 비유하는 표현이다.

또한, 7장에서도 언급된 성어인 '수이무무샤[水母目蝦]'가 있다. 글자 그대로는 '해파리의 눈은 새우'라는 뜻으로, 자신의 주관 없이 남이 말하는 대로 따라 말하거나 남에게 의지하는 경우를 가리키는 표현이다. 다른 사자성어에서 새우가 폄하의 비유로 쓰였다면, 이 표현에서는 해파리를 조종하는 존재로 나타나는 것이 흥미롭다. 이외에, '치왕유위샤[起網有魚蝦]'는 '그물을 끌어올리면 물고기와 새우가 있다.'라는 말인데, 일거양득(一擧兩得)을 의미한다. 또, '러궈리바오샤미[熱鍋里爆蝦米]'는 직역하면 '뜨거운 솥안에서 새우 알맹이를 튀기다'로, '펄쩍펄쩍 뛰다'를 의미한다.

중국 쟝쑤성 난퉁시[南通市]에는 신비로운 새우가 등장하는 전설이 전한다.[10] 북송(北宋) 때 문수보살(文殊菩薩)이 응신(應身)*하

---

* 중생을 교화하기 위하여 때에 따라 여러 가지 모습으로 변신해 세상에 나타나는 부처를 가리키며, 그러한 모습으로 세상에 나타나는 것을 '응신하다'라고 한다.

여 세상에 나타났는데, 이름은 계도려(戒闍黎)라 불렀다. 같은 시기에 보현보살(普賢菩薩)도 변화된 모습으로 나타났고, 사람들은 그를 주칠랑(周七娘)이라 불렀다.

어느 날 주칠랑이 계도려와 함께 거리를 거닐다가 지나는 행상인이 파는 새우를 먹게 되었다. 두 사람이 새우를 다 먹어 치우자 행상인이 돈을 요구했지만, 계도려는 돈이 없었다. 행상인이 새우를 물어달라고 하자 계도려와 주칠랑은 즉시 입으로 펄펄 뛰는 새우를 도랑에 뱉어냈다. 이 새우들은 도랑을 따라 주변 연못 일대로 퍼졌다. 이를 본 사람들은 매우 놀랐으나, 계도려는 개의치 않고 주칠랑과 노래를 부르며 그 자리를 떠났다.

승려 계도려와 주칠랑이 새우를 뱉어낸 이야기는 상해법운인경회(上海法雲印經會)에서 1939년 발간한 『문수보살시현록(文殊菩薩示現錄)』에 기록되어 있다. 장쑤성의 보현사(普賢寺) 주변에는 비가 내리면 새우가 출몰했는데, 지금은 시대가 변하면서 도로도 바뀌고, 옛 연못의 자리도 콘크리트 포장도로가 되었다. 젊은 세대는 이 고사(故事)를 알지 못하고, 기성세대도 점차 새우가 더 이상 존재하지 않는다고 생각했다. 그런데 2008년 9월 산징샹[三井巷]에 도로공사를 하면서 우물을 하나 만들려고 땅을 팠는데, 그곳에서 웅덩이가 발견되었고, 미꾸라지와 새우 떼가 보였다.

보현사의 외부 비석에는 보현사 현존 역사와 주칠랑의 전설이 적혀 있으며, 아미산불교(峨眉山佛敎)의 공식 사이트에는 사람들이 새우를 건지는 모습의 사진도 제시되어 있다.

세상을 주유하려다 허리가 굽은 새우

일본에서는 새우를 '에비(エビ)'라고 부르고 한자로는 蝦 혹은 海老를 쓴다. 한자 '새우 하(蝦)'는 중국으로부터 수용한 것으로 추정되지만, 海老는 일본 고유의 한자어로 보인다. 海老는 '바다의 노인'이라는 뜻인데, 새우한테 긴 수염이 있어서 그렇게 부르게 된 듯하다.

새우와 관련된 표현으로 '에비데 타이오 쓰루(海老で鯛を釣る)'라는 말이 있다. 직역하면 '새우로 도미를 낚다.'가 되는데, 적은 밑천으로 더 많은 이익이나 수확을 얻을 때 사용되는 표현이다. 새우를 데리고 자라를 낚는다는 뜻의 중국어 '장샤댜오볘[將蝦釣鱉]'가 '잇속을 차리다'라는 부정적인 뉘앙스를 갖는 데 반해, 일본에서는 새우로 도미를 낚는 것이 긍정적인 의미로 쓰인 점이 흥미롭다. 감성돔이나 뱅에돔 같은 도밋과의 물고기를 잡을 때 실제 새우를 미끼로 자주 쓴다는 점에서, 실생활에서의 경험이 관용적인 표현이 되어 언어 생활 속에 자리 잡은 것으로 보인다.

그런데 우리 속담인 '고래 싸움에 새우 등 터진다.'라는 말은 일본에도 전해진 듯하다. 야후재팬을 검색해보면 이 말이 한국만의 속담인지 묻는 질문이 간간이 보인다.[11] 강자들의 싸움 때문에 약자가 다친다는 의미를 표현한 우리 속담을 일본인들도 인상적으로 느낀 듯하다. 일본에는 이러한 표현들과 더불어 새우와 관련된 옛이야기도 있다. 그중 하나가 이른바 '에비하나시[海老說話]', 즉

'새우 설화'인데, 그 내용은 다음과 같다.

옛날옛날 어느 곳에 큰 새가 있었는데, 자만하며 늘 "내가 이 세계에서 가장 커!"라고 말했다. 어느 날 이 큰 새가 "나 같은 존재가 세계의 끝을 모른다는 것은 좋지 않아."라면서 여행을 떠났다. …… 그런데 계속해서 날아가도 세계의 끝은 나오지 않았다. 결국 큰 새는 지치게 되었다. 어딘가 쉴 곳에 없을까 하고 찾아보았는데, 제법 쉴 만한 커다랗지만 말라서 비틀어진 나무 두 그루가 물 위로 튀어나와 흘러가고 있었다. 큰 새는 "휴! 겨우 살았다."라고 하면서 시든 나무에 앉았다. 그랬더니 마른나무가 흔들흔들 흔들리면서, 물 밑에서 "야! 야! 내 수염에 앉은 녀석은 대체 누구냐?"라는 화난 목소리가 들렸다. 그러자 큰 새는 "나는 세상에서 가장 큰 새다. 세상의 끝을 보려고 여행을 왔다가 잠시 쉬고 있는데, 그러는 너는 누구냐?"라고 뽐내며 말했다. 그러자 "네가 앉아 있는 곳은 내 수염이다. 수염에 잡혀 있는 놈이 무슨 세계 제일이냐? 나야말로 세계에서 가장 큰 새우다!"라면서 바닷속에서 큰 새우가 나타났다. 큰 새는 부끄러워져서 퍼덕퍼덕 날갯짓을 하면서 돌아가버렸다.

그러자 이번에는 새우가 "저렇게 작은 새가 세상의 끝을 보러 가는데, 나같이 큰 존재가 세상의 끝을 모르는 것은 좋지 않아."라면서 여행을 떠났다. 몇 날 며칠 헤엄을 치자, 바다 색깔이 짙은 청색으로 변했다. 새우는 "이쯤 되면 세계의 끝이 가까워진 걸까? 곧 있으면 도착할 거야."라고 말하면서 헤엄치기를 계속했다. 그런데 아무리 헤엄쳐도 끝은 보이지 않았다. 결국 큰 새우도 지쳐갔다. 그때 적당히 쉴 만한 바위가 있었다.

새우는 "휴! 겨우 살았다."면서 큰 바위에 있는 구멍 속으로 들어갔다. 그런데 구멍 안에서 뜨뜻한 바람이 불어왔다. 이젠 그쳤다고 생각할 때즈음에는 차가운 바람이 안으로 불어 들어왔다. '이상한 동굴이다.'라고 생각했는데, 아래로부터 "야! 야! 내 콧속에 들어온 놈이 누구냐!"라는 화난 듯한 소리가 들렸다. 큰 새우는 으스대며 "나는 세상에서 가장 큰 새우다. 세계의 끝을 보기 위해 여행하다가 잠시 쉬던 중이었다. 그러는 너는 누구냐?"라고 말했다. 그러자 "네가 숨어 있는 곳은 내 콧구멍이다. 콧구멍에 숨는 정도의 존재면서 무슨 세계 제일이냐? 나야말로 세상에서 가장 큰 거북이다."라고 말하면서, 바닷속에서 큰 거북이 떠올랐다. 큰 새우는 떨어지지 않기 위해 구멍 속에서 여기저기 매달렸다. 큰 거북은 콧구멍이 근질근질해져서 '엣취' 하고 크게 재채기를 했다. 큰 새우는 붕 하고 떠서 육지까지 날아가, 허리를 돌에 부딪히고 말았다. 그래서 지금도 새우 허리는 굽은 채로 있다고 한다.[12]

이 이야기는 야마나시현[山梨縣]에서 전래되고 있는 설화라고 하는데, 야마나시현은 후지산 부근이며 실제 인근에 바다가 있다. 이 이야기는 여러 가지 의미로 해석해볼 수 있다. 먼저, 자기의 좁은 경험만으로 지나치게 자만하면 안 된다는 메시지를 전달한 것으로 볼 수 있다. 아울러 큰 새우의 입장에서는 새로부터 자극을 받아 여행을 떠나는데, 이를 통해 더 큰 세계에 대한 포부를 가질 필요가 있다는 메시지를 전달한 것으로도 해석할 수 있다.

그런데 이 이야기에서 특별히 흥미를 끄는 부분은 다름 아닌 새우의 허리가 휘어진 까닭에 관한 독특한 설명이다. 거북의 콧구멍 속에 붙어 있다가 콧김에 날아간 새우가 돌에 부딪혀 허리가 휘게 되었다는 것인데, 그 발상이 기발하다. 새우 하면 당연히 몸이 굽어 있다고 여길 법한데, 이 설화가 나온 시대의 일본 사람들은 그 이유를 궁금하게 생각했던 것이다. 이 역시 옛날 사람들이 요즘 사람들보다 호기심과 상상력이 풍부했다는 것에 대한 예가 될 수 있을 듯하다.

shrimp와 prawn

영어로 새우를 뜻하는 단어는 shrimp와 prawn 두 가지가 있다. 『옥스퍼드영어사전』과 어휘 비교 사이트인 Diffen(https://www.diffen.com/difference/Prawn_vs_Shrimp)에 따르면, shrimp는 길쭉하고 작은 몸체에 다리는 길고 두 쌍의 집게발이 있는 해양 갑각류이고, prawn은 shrimp보다 큰 몸체에 다리는 짧고 작으며 세 쌍의 집게발이 있는 민물 혹은 해양 갑각류다. shrimp와 prawn은 학명이 아닌 일반 명칭으로, 국가나 지역에 따라 혼동되기도 하며 정반대의 의미로 사용되기도 한다.

예를 들어, 상업적으로 흔히 어획하는 몸체가 큰 종류를 미국에서는 shrimp라고 부르는 반면, 기타 영어 사용 국가에서는 prawn으로 부른다. 특히 영국, 아일랜드 및 영연방 국가에서 헤엄치는 대형 갑각류나 새우, 특히 어업에서 상업적으로 중요한 갑각류를 prawn이라 부르는 반면, 북미에서는 이 단어를 덜 사용하며 일반적으로 민물새우를 가리키는 데 사용한다. 현재는 일반적으로 shrimp와 prawn을 서로 바꿔 부르기도 한다.

『옥스퍼드영어사전』에 의하면, shrimp는 중세 영어에서는 *schrympe*, 1500년대에는 *schrimpe, shrympe*, 1600년대에는 *shrimpe*의 형태로 사용되었고, 중세 영어 *schrymp, scrymppe, srympe, shyrympe*는 1500년대에는 *schriemp*로, 그 이후부터 지금까지 shrimp 형태로 사용되고 있다. 어원은 아마도 중세 (고지) 독일어 강변화동사*인 *schrimpen*에서 유래했을 것이며, '수축하다'라는 의미다.

prawn은 두 가지 갈래가 있다. 하나는 중세 영어 *prayne*으로서 중세 영어부터 1600년대까지 *prane*의 형태로 사용되었고, 1500년대에는 *pran, prayn*의 형태로도 사용되었으며, 1700년 이전 스코틀랜드어 *pran*, 1700년 이전의 *prane, prean*, 1800년대부터 지금까지 prain의 형태로 사용되고 있다. 또 하나의 갈래는 1500~1600년대의 *praune, prawne*이며, 1600년대 이후 지금까지 prawn의 형태로 사용되고 있으며 1700년대 이후 사용된 스코틀랜드어 또한 동일하다.

한편, shrimp와 prawn은 새우에서 파생된 몇 가지 다른 의미를

---

* 독일어에서 '강변화동사'란 인도유럽어에서 전래된 것으로, 모음 교체나 중복 등 불규칙적으로 변화하는 동사를 가리킨다.

나타내기도 한다. 첫째, 경멸의 의미로 '(새우처럼) 체구가 아주 작은 사람'을 가리키며, "그 사람은 나의 뒤에서 오르는 자그마한 새우처럼 보였다[He did look such a teeny shrimp climbing after me]!"[13]라는 식으로 사용된다. 둘째, '새우 마음[shrimp-hearted]'은 '겁이 많은'의 뜻을 갖는다. "넌 겁 많은 미련퉁이야[You shrimp-hearted lubber]."[14]라는 예문을 참고할 수 있다. 셋째, '새우풀[shrimp plant, *Justicia brandegeeana*]'은 관목으로, 화수가 새우 등처럼 굽어져 있고 새우 비늘 모양의 꽃턱잎이 특징이다. 넷째, prawn은 외모나 성격이 어리석거나 어리석게 보이는 사람을 일컫기도 한다. "당신은 당신 인생에서 그런 어리석은 사람을 본 적이 없을 것입니다[You never saw such a human prawn as he looked, in your life]."[15]와 같이 쓰

그림 10-2 새우 비늘 모양의 꽃턱잎을 가진 새우풀

인다. 다섯째, 오스트레일리아 구어에서 생새우[raw prawn]는 삼키기 어렵거나 믿기 어려운 것, 사기, 속이는 행위를 의미한다. "당신의 잠재의식은 당신의 파트너가 장부를 조작하는지 의심합니다. 적어도 그 사람이 중요한 사안에서 당신을 속이고 있지는 않은지 확인하십시오[Your subconscious suspects your partner of cooking the books. At least check that he isn't coming the raw prawn with you over something important]."[16]를 참고하자.

새우의 상징성과 새우 성운

여러 신화와 문화에서 새우는 다양한 상징성을 가진다. 켈트 신화(Celtic mythology)에서는 불, 시(詩), 치유의 여신이자 인류의 수양모(收養母)인 브리지드(Brighid)와 관련이 있으며, 환생 및 행운의 상징으로 여겨진다. 새우가 성장하면서 탈피를 하는 것이 풍요를 가져다줌을 상징하는 것이다. 구약 성경 레위기에서는 새우를 특정해 따로 언급하지는 않았지만 지느러미와 비늘이 없는 부류는 부정한 것으로 기술했다. "수중생물에 지느러미와 비늘 없는 것은 너희가 혐오할 것이니라"(레위기 11:12, 개역개정 4판).

아프리카에서는 새우가 다산, 정력, 풍요의 상징일 뿐만 아니라 힘, 권력, 결단력을 상징하기도 한다.[17] 아프리카 중서부에 위치한 카메룬(영어 Cameroon, 프랑스어 Cameroun)이라는 국명도 새우와 관련이 있다. 즉, 포르투갈 탐험가들이 포르투갈어 Rio dos

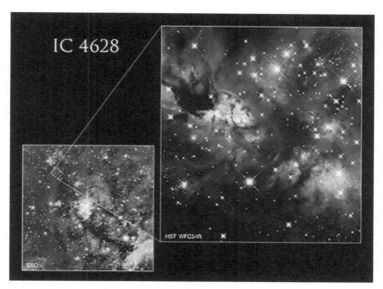

IC 4628

그림 10-3 미 항공우주국(NASA)에서 허블망원경으로 관찰한 새우 성운의 일부

Camarões라고 명명한 지명에서 '카메룬'이라는 국명이 유래했는데, 이는 '새우의 강[River of the Prawns(Shrimps)]"이라는 의미다.

한편, 새우는 우주에서도 한 생을 끝내고 새 삶을 시작한다. 새우 모양을 닮은 '새우 성운[Prawn Nebula]' 이야기다. 공식적으로 IC 4628로 알려진 새우 성운은 지구에서 6,000광년 떨어진 전갈자리에 위치한다. 이 성운이 근처 별들의 복사에 의해 에너지화하거나 이온화하여 빛을 내기 때문에 발광 성운으로 분류되는데, 먼지와 가스의 붉은 소용돌이는 이온화된 철[Fe]이 방출되는 것이라고 한다.[18]

참고 문헌

| 들어가며 |

1 대한성서공회, 『성경전서』(국한문 개역개정판), 대한성서공회, 2014, 1쪽.

2 朱熹, 『四書章句集注』, 中華書局, 2010, p. 178.

| 1장 |

1 김재홍, 「상어, 그리고 돔배기」, 국립대구박물관 편, 『상어, 그리고 돔배기의 고고학』, 디자인공방, 2015, 147~148쪽.

2 김재홍, 「고대 상어의 고고 환경과 문화권」, 『한국학논총』, 한국학연구소, 2016, 36쪽.

3 김홍석, 『『우해이어보』와 『자산어보』 연구』, 한국문화사, 2008, 105쪽.

4 한국민족문화대백과사전(http://encykorea.aks.ac.kr) '상어'.

5 張世義·伍玉明, 「鯊魚」, 『生物學通報』, 中國動物學會, 2006.

6 정종우, 「소중한 자원이 된 간의 기름 상어」, 『옛이야기 속 고마운 생물들』, 환경부 국립생물자원관, 2017.

7 고려대 중한사전 (https://zh.dict.naver.com/#/entry/zhko/45795d77f21c4ecaaacbef5f93147196).

8 민경준, 「淸代 중국의 해산물 소비와 무역─제비집과 상어지느러미를 중심으로」, 『역사와 세계』, 효원사학회, 2019.

9 now news (2022. 08. 25) https://nownews.seoul.co.kr/news/newsView.php?id=20220825601002.

10 『新版 魚貝もの知り事典』, 平凡社, 2021, pp. 193~194.

11 오아라이 수족관 공식 사이트 (https://www.aquaworld-oarai.com/ko).

12 설화의 내용은 노성환, 「동아시아에서 본 이나바의 흰토끼 설화」, 『일어일문학 연구』 85/2, 한국일어일문학회, 2013, 391~393쪽 참조.

13 설화의 내용은 홍성목, 「일본 신화에 나타난 고대 한일 교류의 편린: 상어(와 니)를 중심으로」, 『일본어문학』 77, 일본어문학회, 2017, 403~412쪽 참조.

14 하와이 주정부 공식 사이트 내 상어 소개 (https://dlnr.hawaii.gov/sharks).

15 Tom Jones, "The *Xoc, the Sharke, and the Sea Dogs: An Historical Encounter," Fifth Palenque Round Table, 1983, The Pre-Columbian Art Research Institute; Sarah E. Newman, "Sharks in the jungle: real and imagined sea monsters of the Maya", Antiquity, 90(354): 1522~1536, 2016.

16 Lisa A. Torreano, Cristina Cacciar, Sam Glucksberg, "When Dogs Can Fly: Level of Abstraction as a Cue to Metaphorical Use of Verbs," Metaphor and Symbol, 20(4): 259~274.

17 하와이 주정부 공식 사이트 내 메가마우스 소개 (https://dlnr.hawaii.gov/sharks/ hawaii-sharks/discovering-megamouth 2023년 1월 5일 검색).

18 게르하르트 핑크, 이수영 옮김, 김원익 감수, 『후 WHO: 그리스 로마 신화 속 인물들』, 도서출판 예경, 2012, 69~70쪽.

19 Sedinova, H., "The 'Lamia' and Aristotle's Beaver: The Consequences of a Mistranscription", Journal of the Warburg and Courtauld Institutes 79: 295~306, 2016.

20 Resnick, Irven M., Kitchell, Kenneth F., Jr., "'The Sweepings of Lamia': Transformations of the Myths of Lilith and Lamia", Religion, Gender, and Culture in the Pre-Modern World, 2007, p. 83.

21 제이콥 필드, 이한이 옮김, 『세계사를 바꾼 50가지 동물』, 반니, 2021, 29~30쪽.

22 전경일, 『이끌림의 인문학』, 다빈치북스, 2014, 361~368쪽.

| 2장 |

1 서유구, 이두순 평역, 강우규 도판, 『평역 난호어명고』, 블루&노트, 2015, 245~246쪽.

2 김문기, 「청어, 대구, 명태: 소빙기와 한류성어류의 박물학」, 『대구사학』(115),

2014, 23쪽.

3 中國社會科學院語言研究所詞典編輯室, 『現代漢語詞典』(第七版), 商務印書館, 2016.

4 국사편찬위원회, 조선왕조실록: 성종실록 (https://sillok.history.go.kr).

5 한의학대사전 편찬위원회, 『한의학대사전』, 정담, 2001.

6 鄧魯明·高士賢, 『中國動物藥』, 吉林人民出版社, 1981.

7 김문기, 『바다 물고기 지식: 근세 동아시아의 어류박물학』, 한국학술정보, 2019, 205쪽 참조.

8 『新版 魚貝もの知り事典』, 平凡社, 2021, pp. 237~238.

9 Barrett, James; Beukens, Roelf; Simpson, Ian; Ashmore, Patrick; Poaps, Sandra; Huntley, Jacqui. "What was the Viking age and when did it happen? A view from Orkney", *Norwegian Archaeological Review* 33(1): 1~39, 2000.

10 오치 도시유키, 서수지 옮김, 『세계사를 바꾼 37가지 물고기 이야기』, 사람과 나무사이, 2020.

11 Massachusetts-State-House-Brochure (https://www.sec.state.ma.us/trs/trspdf/Welcome-to-the-Massachusetts-State-House-Brochure.pdf).

12 John Levi Barnard, "The Cod and the Whale: Melville in the Time of Extinction", *American Literature*, 89(4): 851~879, December 2017.

| 3장 |

1 박종오, 「영산강유역 뱀장어 어로(漁撈)와 식문화(食文化)의 변화」, 『比較民俗學』 71집, 2020, 281쪽.

2 김홍석, 『「우해이어보」와 『자산어보』 연구』, 한국문화사, 2008, 138~139쪽.

3 박종오, 「영산강유역 뱀장어 어로(漁撈)와 식문화(食文化)의 변화」, 『比較民俗學』 71집, 2020, 281쪽.

4 한국향토문화전자대전(http://www.grandculture.net) '조선통어사전'.

5 서유구, 이두순 평역, 강우규 도판, 『평역 난호어명고』, 블루&노트, 2015, 241~242쪽.

6 연합뉴스(2022. 04. 01) '중국산 장어 일본 수출 급증…수출량 21.5%↑'.

7 黃卓婭, 「梵音不絕話梵天―梵天寺及其經幢的考證研究」, 『杭州文博』, 2013,

p. 54.

8   錢鈺·白莉, 「宋代"以鰻祈雨"習俗成因分析—以江浙地區為例」, 『地方文化研究』, 第5期, 2017.

9   https://www.homes.co.jp/cont/iezukuri/iezukuri_00581 참조.

10 『新版 魚貝もの知り事典』, 平凡社, 2021, pp. 69~70.

11 https://www.ajunews.com/view/20140707143620818.

12 https://www.donga.com/news/Inter/article/all/20180726/91233465/1.

13 Brooke Jarvis, "Where Do Eels Come From? — There is much to be learned from how little we know about them," *The New Yorker*, May 25, 2020.

14 위의 글.

| 4장 |

1   한국민족문화대백과사전 '연어'.

2   徐居正 等, 『東文選』 第14卷 七言律詩 「在金州謝劉按部顓惠年魚」(吳漢卿); 李穡, 『牧隱詩藁』 第30卷 詩 「謝和寧尹朴令公送年魚」; 第33卷 詩 「答張子溫東北面巡問使送年魚」. 김문기, 「'송어(松魚)'는 왜 '연어(鮭)'가 되었나?: 근세 朝·日 어류지식 교류의 일면」, 『역사와 경계』 117: 250~251, 부산경남사학회, 2020에서 재인용.

3   김문기, 위의 글, 251쪽.

4   나무위키 '연어' (https://namu.wiki/w/%EC%97%B0%EC%96%B4).

5   한국민족문화대백과사전 '연어'.

6   龍羊峽 공식 홈페이지 (http://www.longyangxia.com.cn).

7   龍羊峽 공식 홈페이지 (http://www.longyangxia.com.cn).

8   조홍식, 『루어낚시 첫걸음-민물편』, 예조원, 2010, 216쪽.

9   光明日報(2018. 08. 15) '將虹鱒魚歸入生食三文魚豈能由行業內定'; OBS 경인방송 오늘의 월드 뉴스(2018. 05. 28) '中 무지개송어, 수입산 연어로 둔갑…논란 증폭'; 중앙일보(2018. 05. 29) '中수입 연어 3분의 1, 알고 보니 중국산 무지개송어'.

10 https://www.nhk.or.jp/bunken/research/kotoba/20211201_3.html.

11 『新版 魚貝もの知り事典』, 平凡社, 2021, pp. 188~189.

12 https://japanmystery.com/hokkaido/kamuikotan.html.

13 J. Trevisa, translation of R. Higden, *Polychronicon* (St. John's Cambridge MS.) (1865) vol. I. 407.

14 *Morning Chronicle* 22 November 5/2.

15 *Our Times* February 29/1.

16 위키백과 영어판 'Salmon' (https://en.wikipedia.org/wiki/Salmon 2023. 08. 16 검색).

17 Eric J. Quaempts et al., "Aligning Environmental Management with Ecosystem Resilience: A First Foods Example from the Confederated Tribes of the Umatilla Indian Reservation, Oregon, USA," *Ecology and Society* 23(2): 29, 2018.

18 Dylan Farrell Seidler, *Cultural Staples in Crisis: A Historical Analysis of Southern Resident Orcas and Chinook Salmon*, Master's thesis, Whitman College, 22-23, 2020.

19 Lummi Nation, "First Salmon Ceremony," CBC Oversight Committee, 2018 (https://www.lummi[ix]nsn.gov/Website.php?PageID=190).

| 5장 |

1 김홍석, 『「우해이어보」와 『자산어보』 연구』, 한국문화사, 2008, 148쪽.

2 위의 책, 148쪽.

3 서유구, 이두순 평역, 강우규 도판, 『평역 난호어명고』, 블루&노트, 2015, 273~274쪽.

4 하영삼, 『한자어원사전』, 도서출판 3, 2014[2021], 305~306쪽.

5 뉴스앤거제(2014. 09. 15) '선비의 상징 문어'.

6 윤재환, 「董越의 「朝鮮賦」를 통해 본 中國 使臣의 朝鮮 認識」, 『동방한문학』 53: 179, 2012.

7 헤럴드경제(2021. 06. 21) '물고기에 '펀치' 날리는 문어…기분 나쁘면 때린다?'

8 위키백과 일본어판 '蛸壺' (https://ja.wikipedia.org/wiki/%E8%9B%B8%E5%A3%BA).

9 『新版 魚貝もの知り事典』, 平凡社, 2021, pp. 230~231.

10 WorldBirds "Octopus Symbolism & Meaning" 일부 정리; Madonna Gauding,

The Signs and Symbols Bible: The Definitive Guide to Mysterious Markings, Sterling, 2009.

11 C. Michael Hogan, "Knossos: Ancient Village / Settlement / Misc. Earthwork". The Modern Antiquarian. 22 December 2007. Stephen R. Wilk, *Medusa: Solving the Mystery of the Gorgon*, Oxford University Press, Nov 15, 2007. https://en.wikipedia.org/wiki/Octopus에서 재인용.

12 위키백과 영어판 'Octopus' (https://en.wikipedia.org/wiki/Octopus).

| 6장 |

1 김홍석, 『「우해이어보」와 『자산어보』 연구』, 한국문화사, 2008, 146쪽.

2 Ohfun(2016. 03. 21) '못생긴 사람을 오징어라 부르는 이유'.

3 SOHU.com(2022. 07. 15) '47歲朱茵有多美?"鱿魚身材"不一般'.

4 패션전문자료편찬위원회, 『패션전문자료사전』, 민중서관, 1997.

5 https://gogenyurai.com/2019/05/10/%E7%83%8F%E8%B3%8A%EF%BC%88%E3%81%84%E3%81%8B%EF%BC%89%E3%81%AE%E8%AA%9E%E6%BA%90%E3%83%BB%E7%94%B1%E6%9D%A5.

6 https://macaro-ni.jp/45116.

7 『新版 魚貝もの知り事典』, 平凡社, 2021, p. 46.

8 「일본 주요 수산통계」, 수산업협동조합중앙회 수산경제연구원, 2018, 5쪽 참조.

9 https://tabelog.com/fukuoka/A4001/A400102/40000013.

10 https://www.hakatamentai.jp/c/oc/gd736.

11 http://sumou.tokyo/yougo/13065.

12 https://ja.wiktionary.org/wiki/%E3%81%84%E3%81%8B.

13 https://kotowaza-dictionary.jp/k0155.

14 https://worldherb.tistory.com/1777.

15 *All Hands*(Magazine of the U.S. Navy) October 1952, p. 45.

16 Aristotle, translated by D'Arcy Wentworth Thompson, *The History of Animals* (*Historia animalium*). http://classics.mit.edu/Aristotle/history_anim.html.

17 앨프리드 테니슨, 윤명옥 옮김, 『테니슨 시선』, 지식을만드는지식, 2011[2020].

18 Legends of the Multi Universe Wiki (https://legendsofthemultiuniverse.fandom.

com/wiki/Kraken_(standard)).

19   Paula Weston and Carl Wieland, "The mysterious giant squid," *Creation*
     23(1): 22~23, December 2000.

| 7장 |

1   이현근, 「영어와 한국어 어류 복합어의 개념화 양상」, 『영어영문학』 18, 미래영
    어영문학회, 2013, 175쪽.

2   김홍석, 『「우해이어보」와 『자산어보』 연구』, 한국문화사, 2008, 156쪽.

3   네이버 지식백과 '해파리'.

4   서유구, 이두순 평역, 강우규 도판, 『평역 난호어명고』, 블루&노트, 2015,
    279~280쪽.

5   洪惠馨·張士美, 『中國沿海的食用水母類』, 集美大學學報, 集美大學, 1982.

6   KBS NEWS(2019. 08. 29) '해파리를 탄 부채새우'.

7   위키백과 일본어판 'クラゲ' (https://ja.wikipedia.org/wiki/クラゲ).

8   문명재, 「『今昔物語集』의 불전설화(佛典說話) 고찰」, 『국제원광문화학술논집』
    5권 제1호, 원광보건대학교 원광문화연구원, 2011, 49~50쪽 참고.

9   위의 글, 51쪽 참고.

10 https://www.shiino.co.jp/household/detail.php?cn=03&pn=15.

11 https://search.rakuten.co.jp/search/mall/%E3%81%8F%E3%82%89%E3%8
    1%92%E5%AF%BF%E5%8F%B8.

12 William Funnell, *Captain Dampier's vindication of his voyage to the South seas:
    with some observations at Mr. Funnel's chimerical relation of the voyage round the
    world*, London: printed by J. Bradford, 1707 (https://www.peterharrington.co.uk/
    blog/tag/a-voyage-round-the-world).

13 Philip Stewart Robinson, *Sinners and saints. A tour across the states, and round
    them; with three months among the Mormons*, London: Sampson Low, Marston
    & Company, 1883, p.11.

14 Geoffrey K. Isbister, "Data Collection in Clinical Toxinology: Debunking
    Myths and Developing Diagnostic Algorithms," *Clinical Toxicology*, 40(3):
    233, 236, 2002.

15 J. Hill, *A General Natural History*, 1752.

16 국립수산과학원 Q&A 정리 (https://www.nifs.go.kr/lmo/board/boardView. lmo?BOARD_IDX=367&BOARD_ID=qna).

| 8장 |

1 김홍석, 『「우해이어보」와 『자산어보』 연구』, 한국문화사, 2008, 162쪽.

2 정혜경, 『바다음식의 인문학』, 따비, 2021, 49쪽.

3 하영삼, 『한자어원사전』, 도서출판 3, 2014[2021], 901쪽.

4 孟暉, 『洗手蟹: 宋人的舌尖美味』, 文史博覽, 2015.

5 『新版 魚貝もの知り事典』, 平凡社, 2021, pp. 115~116.

6 https://ja.wikipedia.org/wiki/%E3%81%95%E3%82%8B%E3%81%8B%E3%81%AB%E5%90%88%E6%88%A6.

7 김용의, 「식민지 지배와 민담의 월경(越境): '원숭이와 게의 싸움(猿蟹合戰)'의 한일비교」, 『일본어문학』 42집, 한국일본어문학회, 2009, 240~251쪽 참조.

8 https://www.tsunagujapan.com/ko/about-hokkaido-crab.

9 *Bookseller* 6 March, 1896, p. 278/1.

10 김진호, 「김진호의 '음악과 삶'—선율을 쉽게 만드는 방법(2): 회문(回文)」, 『포브스코리아』 2022년 10호(214). (http://jmagazine.joins.com/forbes/view/336753 2023년 1월 18일 검색).

11 위의 글.

12 이충환, 「코스모스 포토에세이—살아 꿈틀거리는 우주의 집게발」, 동아사이언스 (https://www.dongascience.com/news.php?idx=8493).

13 Talamonti, G, D'Aliberti, G and Cenzato, M., Aulus Cornelius Celsus and the Head Injuries, *World Neurosurgery* 133: 127~134, 2020.

| 9장 |

1 한국민족문화대백과사전 '조개'.

2 김홍석, 『「우해이어보」와 『자산어보』 연구』, 한국문화사, 2008, 181쪽.

3 한국민족문화대백과사전 '조개'

4 『今日象山』(2017. 01. 05) '徐邦春, 「挖蛤蜊」'.

5 김창민, 『한약재감별도감』, 아카데미서적, 2014.

6 한국민족문화대백과사전 '나한신앙'.

7 宋犖·劉廷璣 等, 『清代筆記小說大觀』, 上海古籍出版社, 2007.

8 위키백과 일본어판 '魚介類' (https://ja.wikipedia.org/wiki/%E9%AD%9A%E4%B
B%8B%E9%A1%9E).

9 하영삼, 『한자어원사전』, 도서출판 3, 2014[2021], 27쪽 참고.

10 『新版 魚貝もの知り事典』, 平凡社, 2021, pp. 92~97.

11 네이버 지식백과: 악기백과 '호라가이'.

12 위키백과 일본판 '蛤女房' (https://ja.wikipedia.org/wiki/%E8%9B%A4%E5%A5%
B3%E6%88%BF).

13 J. K. Lord, *The Naturalist in Vancouver Island and British Columbia* I: 192,
1866.

14 위키백과 영어판 'Clam juice' (https://en.wikipedia.org/wiki/Clam_juice).

15 https://www.wikiwand.com/pt/Turbinella_pyrum.

16 Eliza Rybska, "Symbolism of shells in world culture", *Biological and
Environmental Education*, 2014, pp. 19~28에서 정리.

| 10장 |

1 한국민족문화대백과사전 '새우'.

2 김홍석, 『「우해이어보」와 『자산어보』 연구』, 한국문화사, 2008, 157쪽.

3 한국민족문화대백과사전 '새우'.

4 황선도, 『친애하는 인간에게, 물고기 올림』, 동아시아, 2019, 250쪽.

5 서유구, 이두순 평역, 강우규 도판 『평역 난호어명고』, 블루&노트, 2015,
284~287쪽.

6 위의 책, 286쪽.

7 김준, 「젓새우잡이의 역사와 어로문화」, 『도서문화』 31, 도서문화연구원,
2008, 35쪽.

8 황선도, 『친애하는 인간에게, 물고기 올림』, 동아시아, 2019, 243쪽.

9 박영종, 『현대 중한사전』, 교학사, 2006 참고.

10 峨眉山佛教(아미산불교) 공식 사이트(www.emsfj.com)의 '人間佛教'-'智慧文苑'

참고.

11 https://detail.chiebukuro.yahoo.co.jp/qa/question_detail/q14132355154.

12 https://minwanoheya.jp/area/yamanashi_011.

13 1905, E. Glyn, *Vicissitudes Evangeline* 85.

14 1796, M. Robinson, *Angelina* II. 187.

15 1845, C. Dickens, *Let* 27 Jan. (1977) IV. 253.

16 2005, *Sunday Herald Sun* (Melbourne) (Nexis) 2 Jan. 90.

17 anik1357, "Prawn Meaning, Symbolism, and Totem"에서 정리 (https://spiritandsymbolism.com/prawn-meaning-symbolism-and-totem).

18 이광식, 「우주를 보다―허블망원경이 포착한 놀라운 '새우성운'의 별 산란실」(nownews, 2021. 11. 27)과 NASA 공식 사이트를 참고하여 본문 내용에 맞게 수정함.

그림 출처

|1장|

표지 ⓒStormy Dog (https://commons.wikimedia.org).

1-1 김재홍, 「고대 상어의 고고 환경과 문화권」, 『한국학논총』, 한국학연구소, 2016, 34쪽.

1-2 경기도박물관 소장 (http://www.emuseum.go.kr).

1-3 McCormick, Harold W., "Curious and Bizarre Creatures" (https://www.biodiversitylibrary.org/pageimage/10741246).

1-4 ⓒHaragayato (https://commons.wikimedia.org).

1-5 하와이 주정부 공식 사이트 내 메가마우스 소개 (https://dlnr.hawaii.gov/sharks/hawaii-sharks/discovering-megamouth).

1-6 https://www.flickr.com/photos/internetarchivebookimages/14591827230.

|2장|

표지 ⓒMax Lindenthaler (https://www.shutterstock.com/ko).

2-1 ⓒkimhs5400 (https://ko.wikipedia.org/wiki/%ED%8C%8C%EC%9D%BC:Dried_fish_in_oipo.JPG).

2-2 Mary E. C. Boutell, *Picture Natural History*, 1869.

2-3 ⓒLiberma (https://commons.wikimedia.org).

|3장|

표지 ⓒRostislav Stefanek (https://commons.wikimedia.org).

3-1 국립민속박물관 소장 (http://www.emuseum.go.kr).

3-2   뉴욕시 공공도서관 소장 (https://digitalcollections.nypl.org/items/c26307b5-7f09-2f62-e040-e00a18061458).

3-3   ⓒiloverjoa (https://commons.wikimedia.org).

3-4   ⓒJason Holley. "Where Do Eels Come From?" *The New Yorker*, May 18, 2020.

| 4장 |

표지   ⓒBlueBarronPhoto (https://www.shutterstock.com/ko).

4-1   울산박물관 소장 (http://www.emuseum.go.kr).

4-2   ⓒframestealer (https://commons.wikimedia.org).

4-3   토론토대학 벤체슬라우스 홀라르 디지털 컬렉션(Wenceslaus Hollar Digital Collection) 소장 (https://hollar.library.utoronto.ca/islandora/object/hollar%3AHollar_k_1949).

| 5장 |

표지   ⓒAlbarubescens (https://commons.wikimedia.org).

5-1   https://www.zdic.net/zd/zx/jg/%E6%96%87.

5-2   ⓒBariston (https://commons.wikimedia.org).

5-3   헬싱키 문화박물관(Museum of Cultures) 소장.

5-4   뉴욕 메트로폴리탄미술관 소장 (https://www.metmuseum.org).

| 6장 |

표지   ⓒnekomamire (https://www.shutterstock.com/ko).

6-1   ⓒHyung min Choi (https://www.shutterstock.com/ko).

6-2   https://zhuanlan.zhihu.com/p/511411179.

6-3   http://www.zsdwf.com/shownews.asp?newsid=1072.

6-4   *All Hands*(Magazine of the U.S. Navy) October 1952, p. 45.

6-5   Paula Weston and Carl Wieland, "The mysterious giant squid," *Creation* 23(1): 22–23, December 2000.

| 7장 |

표지 ⓒDan90266 (https://commons.wikimedia.org).

7-1 潭濱黃; 晟東曙(re-proofing edd.)(1609), "Niaoshou 6-juan Linjie-lei Renyu" in *Sancai Tuhui*, Huaiyin caotang 槐陰草堂.

7-2 타이베이 고궁박물원 소장 (https://www.npm.gov.tw).

7-3 William Funnell, *Captain Dampier's vindication of his voyage to the South seas: with some observations at Mr. Funnel's chimerical relation of the voyage round the world*, London: printed by J. Bradford, 1707 (https://www. peterharrington.co.uk/blog/tag/a-voyage-round-the-world).

7-4 튀니지 수스 고고학박물관(Archeological Museum of Sousse) 소장.

7-5 Fuchs, B. et al., "Regulation of Polyp-to-Jellyfish Transition in Aurelia aurita", *Current Biology*, 24-3: 263~273, 2014.

| 8장 |

표지 ⓒCharlesJ.Sharp (https://commons.wikimedia.org).

8-1 국립중앙박물관 소장 (http://www.emuseum.go.kr).

8-2 베이징 고궁박물관 소장 (https://www.bigemowu.com/Works6306.html)

8-3 ⓒtakami torao (https://commons.wikimedia.org).

8-4 (왼쪽) Rossi, B. B., The Crab Nebula ancient history and recent discoveries, October 1, 1969 (https://ntrs.nasa.gov/api/citations/19700008151/downloads/19700008151.pdf).

(오른쪽) "Crab Nebula, as Seen by Herschel and Hubble," NASA, Dec 14, 2013.

ⓒESA/Herschel/PACS/MESS Key Programme Supernova Remnant Team; NASA, ESA and Allison Loll/Jeff Hester (https://www.nasa.gov/jpl/herschel/crab-nebula-pia17563).

8-5 뉴욕 메트로폴리탄미술관 소장 (https://www.metmuseum.org).

| 9장 |

표지 *EtaCarinae89* (https://www.shutterstock.com/ko).

9-1 국립중앙박물관 소장 (http://www.emuseum.go.kr).

9-2 국립중앙박물관 소장 (http://www.emuseum.go.kr).

9-3 ⓒHannes Grobe/AWI (https://commons.wikimedia.org).

9-4 피렌체 우피치미술관 소장 (https://www.uffizi.it).

9-5 ⓒH. Zell (https://commons.wikimedia.org).

| 10장 |

표지 ⓒFalcoKleinschmidt (https://commons.wikimedia.org).

10-1 https://namu.wiki/w/%EB%8F%84%ED%99%94%EC%83%88%EC%9A%B0.

10-2 ⓒTony Hisgett (https://commons.wikimedia.org).

10-3 ⓒNASA, ESA, and J. Tan (https://www.nasa.gov/image-feature/goddard/2021/hubble-catches-celestial-prawn-drifting-through-the-cosmic-deep).

바다동물,
어휘 속에 담긴 역사와 문화

초판 1쇄 발행 | 2023년 10월 15일
지은이 | 기유미 · 신아사 · 이선희 · 홍유빈

펴낸곳 | 도서출판 따비
펴낸이 | 박성경
편   집 | 신수진, 정우진
디자인 | 이수정
출판등록 | 2009년 5월 4일 제2010-000256호
주소 | 서울시 마포구 월드컵로28길 6(성산동, 3층)
전화 | 02-326-3897
팩스 | 02-6919-1277
메일 | tabibooks@hotmail.com
인쇄 · 제본 | 영신사

ISBN 979-11-92169-30-9 93700

책값은 뒤표지에 있습니다.